파도를 가르며
깊은 바닷속으로 떠나는 여행

바다 아틀라스
OCEAN ATLAS

톰 잭슨 글 | 아나 조르제비츠 그림 | 이강환 옮김

책세상
어린이

바다 아틀라스

초판 1쇄 발행 2023년 4월 15일

톰 잭슨 글 | 아나 조르제비츠 그림 | 이강환 옮김

펴낸이 김현태 **펴낸곳** 책세상어린이
등록 2021년 1월 22일 제2021-000032호
주소 서울시 마포구 잔다리로 62-1, 3층(04031)
전화 02-704-1251 **팩스** 02-719-1258
이메일 editor@chaeksesang.com
광고·제휴 문의 creator@chaeksesang.com
홈페이지 chaeksesang.com
페이스북 /chaeksesang **트위터** @chaeksesang
인스타그램 @chaeksesang **네이버포스트** bkworldpub

ISBN 979-11-5931-845-0 74000
ISBN 979-11-5931-844-3 (세트)

• 잘못되거나 파손된 책은 구입하신 서점에서 교환해 드립니다.
• 책값은 뒤표지에 있습니다.
• 책세상어린이는 도서출판 책세상의 아동·청소년 브랜드입니다.
• 7세 이상의 어린이에게 적합한 도서입니다. Printed in Korea

Ocean Atlas: A journey across the waves and into the deep
Written by Tom Jackson and illustrated by Ana Djordjevic
© 2020 Quarto Publishing plc.
First published in the UK in 2020 by QED Publishing, an imprint of The Quarto Group. All rights reserved.
Korean language edition©2023 by Chaeksesang Pub. Co.
Korean translation rights arranged with The Quarto Group, via EntersKorea Co., Ltd., Seoul, Korea.

이 책의 한국어판 저작권은 (주)엔터스코리아를 통한 저작권사와의 독점 계약으로 책세상에 있습니다.
저작권법에 의해 한국 내에서 보호를 받는 저작물이므로 무단 전재와 복제를 금합니다.

PICTURE CREDITS

36l MARUM – Zentrum für Marine Umweltwissenschaften, Universität Bremen.

ALAMY: 26tr Norbert Wu/ Minden Pictures.

SHUTTERSTOCK: p4l Romolo Tavani, p7br Sergey Novikov, p11r Atypeek Dsgn, 12tr iurii, 15br BMJ, 16bl Anton Balazh, 19tr James Steidl, 20l Ethan Daniels, 22l Choksawatdikorn, 24bl nazz lopez, 28bl Mia Stendal, 31tr Ethan Daniels, 34br CHEN WS, 38r Mason Lake Photo, 40l Denis Burdin, 40r Sviluppo, 43br tryton2011, 44br Matt Berger, 49br Filippo Carlot, 50tr Deni_Sugandi, 52bl Harvepino, 53tr Everett Historical, 56r Ustyna Shevchuk, 58bl JC Photo, 60br Signature Message.

차례

들어가며	4
대서양	6
태평양	8
인도양	10
북극해	12
남극해	14
작은 바다들	16
바닷속 탐험	18
조간대	20
유광층	22
약광층	24
한밤 지역	26
해저	28
해구	30
해저 지도 만들기	32
중앙 해령	34
열수 분출공	36
해저 화산	38
섬	40
대륙붕	42
빙산	44
기후 변화와 바다	46
파도	48
쓰나미	50
허리케인	52
해류	54
바다의 먹이 사슬	56
산호초	58
우리의 바다를 보호해요	60
용어 사전	62
찾아보기	64

파도를 가르고 캄캄하고 깊은 바닷속으로 함께 여행을 떠나 보아요. 숨을 크게 들이마시고 뛰어들어요!

INTRODUCTION

들어가며

여러분은 '물의 행성'이라고 불리는 곳에 살고 있어요. 여러분이 밟고 있는 육지는 지구 표면의 4분의 1밖에 안 돼요. 나머지는 두터운 바닷물로 덮여 있지요. 전 세계의 바다로 함께 여행을 떠나 보아요. 우리는 바다 밑바닥의 신기한 풍경을 보고, 으스스한 바다 생물들을 만나고, 심지어 허리케인 속으로도 들어갈 거예요!

지도에서 세계의 바다는 여러 부분으로 나뉘어요. 그 가운데 태평양, 대서양, 인도양, 북극해, 남극해를 '오대양'이라고 불러요. '다섯 개의 큰 바다'라는 의미지요. 그리고 해안 주위에 다른 수십 개의 작은 바다가 있어요. 바다와 대양의 이름을 익혀 두면 항해하거나 섬과 해안선을 찾을 때 유용해요. 하지만 이름에 속지 마세요. 지도를 보면 모든 바다는 연결되어 있다는 걸 알 수 있을 거예요. 사실 지구에는 단 하나의 바다가 있는 셈이지요. 바다의 면적은 세계에서 가장 큰 나라인 러시아보다 17배 더 크고, 바다의 물을 모두 모으면 욕조 100억 개를 채울 수 있어요! 또 가장 깊은 곳은 에베레스트산을 포함한 히말라야산맥 전체를 가볍게 삼킬 정도랍니다.

우리는 육지에서 산이나 언덕의 높이를 측정할 때 보통 바닷물의 표면을 기준으로 해요. 이렇게 측정한 높이를 '해발 고도'라고 부른답니다. 그러니까 바닷물 표면의 해발 고도는 0미터겠지요?

보퍼트해
북아메리카
알래스카만
래브라도해
사르가소해
북대서양
카리브해
남아메리카
남대서양

대양이란 무엇일까요?

'대양'은 대륙이라고 불리는 큰 땅덩어리 사이의 거대한 구멍들을 채운 바다를 말해요. 해안에서 먼 바다의 깊이는 보통 3.5킬로미터 정도예요. 두바이에 있는 세계에서 가장 높은 건물인 부르즈 칼리파의 높이보다 4배나 깊답니다.

828m

바닷물에는 소금기가 아주 많아요. 마시는 물로 쓸 수 없을 정도지요.
바닷물의 소금은 암석에서 왔어요. 수십억 년 동안 비에 씻겨 바다로 흘러든 거예요.
바닷물과 만난 소금은 '용해'돼요. 물에 녹아서 사라져 버린다는 말이지요.

북극해

카라해 랍테프해 동시베리아해

노르웨이해 바렌츠해

북해 유럽 흑해 아시아 오호츠크해 베링해

카스피해

지중해

아프리카 아라비아해 안다만해 동중국해 동해

태평양

홍해

인도양

산호해

오스트레일리아

남극해

해양학자

바다가 지구의 그렇게 많은 부분을 덮고 있는데도 우리는 아직 바다에 대해 모르는 것이 많아요. 바다를 연구하는 과학자를 '해양학자'라고 불러요. 해양학자들은 파도와 해류, 날씨와 바다의 관계를 연구해요. 그리고 해저(깊은 바닷속)에 대해서도 더 많이 알아내려고 하지요. 하지만 깊은 물속을 들여다보는 건 쉽지 않답니다! 해저의 지도를 그리는 것보다 달이나 화성의 지도를 그리는 게 더 쉬울 정도예요. 앞으로 우리는 깊은 바닷속에서 또 어떤 걸 발견할 수 있을까요?

THE ATLANTIC OCEAN
대서양

대서양은 지구에서 두 번째로 큰 대양이에요. 서쪽에는 북아메리카와 남아메리카가 있고, 동쪽에는 유럽과 아프리카가 있지요. 영어로 대서양을 '애틀랜틱(Atlantic)'이라 부르는데, 아틀란티스 전설에서 유래한 이름이에요. 아주 큰 홍수가 나서 바닷속에 가라앉은 거대한 도시 이야기지요. 아틀란티스가 어디에 있었는지에 대해서는 고대 작가들마다 의견이 달랐답니다. 그런데 유명한 그리스 철학자 플라톤이 아틀란티스는 아프리카 서쪽의 먼 바다 아래 잠들어 있다고 말했어요. 그 뒤로 이 바다를 '애틀랜틱'이라 불렀답니다. (우리말 '대서양'은 '서쪽에 있는 큰 바다'라는 뜻이에요.)

- **면적**
  106,460,000km²
- **부피**
  전 세계 바다의 23%
- **해안 길이**
  111,866km
- **가장 넓은 지점**
  6,400km, 아르헨티나에서 남아프리카까지
- **가장 좁은 지점**
  2,848km, 브라질에서 시에라리온까지
- **평균 깊이**
  3,646m
- **가장 깊은 곳**
  8,486m, 밀워키 딥(푸에르토리코 근처)
- **주요 섬들**
  아이슬란드, 영국, 아일랜드, 쿠바, 히스파니올라

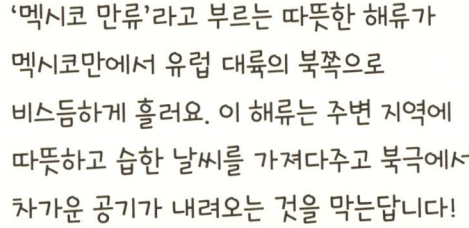

'멕시코 만류'라고 부르는 따뜻한 해류가 멕시코만에서 유럽 대륙의 북쪽으로 비스듬하게 흘러요. 이 해류는 주변 지역에 따뜻하고 습한 날씨를 가져다주고 북극에서 차가운 공기가 내려오는 것을 막는답니다!

북아메리카

크리스토퍼 콜럼버스

15세기까지 유럽의 뱃사람들은 중국, 인도, 그리고 신비한 향신료 섬이 대서양 먼 곳 어딘가에 있다고 믿었어요. '신비한 향신료 섬'은 지금의 인도네시아인데, 그때의 배로는 유럽에서 출발해 몇 달이나 항해해야 도착할 수 있을 정도로 먼 거리였어요. 하지만 세계가 훨씬 더 작다고 생각했던 크리스토퍼 콜럼버스는 1492년에 아시아까지 3주 안에 항해해서 갈 수 있다고 말했어요. 실제로 콜럼버스의 배가 육지에 도착하는 데는 70일 정도가 걸렸는데, 그곳은 아시아가 아니었어요. 콜럼버스가 발 딛은 땅은 바로 아메리카였답니다.

THE PACIFIC OCEAN
태평양

태평양은 지구의 육지를 모두 합친 것보다 크고, 다른 바다를 모두 합친 것만큼 넓어요. 또 전 세계 바닷물의 절반쯤을 가지고 있지요. 태평양은 일곱 대륙 중 네 개의 대륙에 둘러싸여 있어요. 약 2만 년 전에는 태평양과 북극해를 연결하는 베링 해협이 육지로 막혀 있었어요. 사람들이 아메리카 대륙으로 처음 넘어갈 때 이 육지가 다리 역할을 했지요. 그리고 2000년 전 모험심 많은 탐험가들이 새로운 터전을 마련하기 위해 섬과 섬을 건너 태평양을 가로질렀어요. 약 800년 전, 인간이 가장 마지막에 자리를 잡은 곳은 뉴질랜드예요.

- **면적**
  165,250,000km²
- **부피**
  전 세계 바다의 49%
- **해안 길이**
  136,663km
- **가장 넓은 지점**
  19,300km, 컬럼비아에서 말레이시아까지
- **가장 좁은 지점**
  10,000km, 드레이크 해협
  (티에라델푸에고에서 남극 대륙까지)
- **평균 깊이**
  4,280km
- **가장 깊은 곳**
  10,994km, 챌린저 해연(괌 근처)
- **주요 섬들**
  뉴기니, 일본, 뉴질랜드, 하와이

마리아나 해구

지구 표면에서 가장 깊은 지점은 '마리아나 해구'라고 불리는 태평양 해저의 거대한 틈새 아래에 있어요. 그중에서도 챌린저 해연이라는 지점이 제일 깊지요. 영국의 해양 조사선인 챌린저호가 1951년에 발견했으며, 깊이는 1만 994미터예요. 높이가 8848미터인 에베레스트산을 이 해구에 놓는다면, 꼭대기 위로도 물이 2000미터 더 있는 셈이지요.

마리아나 해구

불의 고리

'불의 고리'란 태평양의 해안 근처에 있는 화산들이 이루는 둥근 모양의 고리를 말해요. 불의 고리에는 452개의 화산이 있어요. 지금도 화산 활동을 계속하는 전 세계 활화산의 4분의 3이 넘는 수랍니다!

1월 1일 ← | → 12월 31일

베링 해협

날짜 변경선

태평양

뉴질랜드

날짜 변경선은 태평양 중심을 가로지르는 가상의 선이에요. 이곳에서는 이상한 일이 일어나요. 여러분이 1월 1일 정오에 배를 타고 이 선의 바로 서쪽에 있다고 생각해 보세요. 이때 배를 동쪽으로 몰아서 날짜 변경선을 넘어가면, 시간은 그대로지만 날짜는 12월 31일이 돼요. 과거로 시간 여행을 한 거죠!

평화로운 바다

태평양은 '평화로운 바다'라는 뜻이에요. 포르투갈의 탐험가 페르디난드 마젤란이 항해하던 중에 떠올린 이름이지요. 1520년 마젤란은 자신의 함대를 이끌고 폭풍이 치는 바다를 지나 남아메리카의 남쪽 끝을 돌아 넓은 바다에 도착했어요. 그는 고요하고 광활한 태평양을 보고 감동했어요. 그래서 '평화로운 바다'라는 뜻의 라틴어 '마레 파시피쿰(Mare Pacificum)'이라 이름을 붙였고, 이 이름이 전해져 현재의 '태평양(Pacific)'이 되었답니다. 그런데 마젤란은 바다를 건너자마자 도착한 필리핀에서 전쟁에 휘말려 죽고 말았어요.

갈라파고스 이구아나

갈라파고스 땅거북

갈라파고스 제도

갈라파고스 펭귄

해저에서 뿜어져 나온 용암이 굳어 만들어진 갈라파고스 제도는 바위처럼 위장할 수 있는 이구아나와 남극에서 9000킬로미터 떨어진 곳에 사는 펭귄 같은 특이한 동물들의 안식처예요. 그 가운데 가장 유명한 동물은 100년을 넘게 사는 거북이에요. 그 거북은 침대만큼 크게 자라고 말만큼 무겁답니다.

9

THE INDIAN OCEAN
인도양

인도양이란 이름의 기원은 고대 로마까지 거슬러 올라가요. 그때 로마의 지리학자들은 자신들의 제국 동쪽에 무엇이 있는지 알고 싶어 했어요. 그러다 그들은 인더스라고 불리는 엄청나게 큰 강에 대한 이야기를 들었고, 그 강 주변 지역을 모두 인도라고 불렀어요. 실제로 그곳에서는 그 강을 '신두'라고 불렀는데, 강의 대부분은 지금의 인도가 아니라 파키스탄에 있어요. 그때부터 이 바다는 지도에 '인도양'이라고 쓰였어요. 그런데 이 이름은 지구에서 세 번째로 큰 바다인 인도양이 아프리카와 인도, 중국, 동남아시아, 오스트레일리아를 연결해 준다는 사실을 알려 주지는 못해요. 처음으로 대양에 나간 인류는 작은 배로 인도양의 해안을 오르내렸고, 7만 년 전에 아프리카에서 남아시아로 이주했다고 해요. 인류가 오스트레일리아에 처음 도착한 것은 약 5만 년 전이에요.

- **면적**
  73,440,000km²
- **부피**
  전 세계 바다의 20%
- **해안 길이**
  66,526km
- **가장 넓은 지점**
  7,600km, 아프리카에서 오스트레일리아까지
- **평균 깊이**
  3,741m
- **가장 깊은 곳**
  7,258m, 자바 해구(인도네시아 근처)
- **주요 섬들**
  마다가스카르, 스리랑카, 인도네시아

1869년까지 아시아와 유럽을 여행하려면 배를 타고 아프리카를 돌아가야 했어요. 수에즈 운하가 인도양의 일부인 홍해와 지중해를 연결하면서 상황이 바뀌었지요. 운하의 길이는 약 193킬로미터이고, 해마다 약 1만 7200척의 배가 이 지름길을 이용해요.

인도양과 대서양은 아프리카의 남쪽 끝에 있는 아굴라스곶에서 만나요. 부리 모양으로 바다를 향해 튀어나온 땅을 '곶'이라고 불러요. 아굴라스곶 근처의 바다는 강력한 폭풍과 순식간에 30미터까지 치솟는 거대한 파도로 유명해요.

1500년대 유럽의 탐험가들은 동남아시아의 섬들로 항해를 떠났어요. 당시 유럽 사람들에게 그곳은 '향신료의 섬'으로 알려졌기 때문이지요. 그곳에 육두구나 정향 같은 이국적인 향신료가 많았거든요. 이런 향신료는 음식의 맛을 내는 데 요긴하게 쓰여서, 항해술이 발달하기 전에는 힘 있는 상인들이 긴 육로를 통해 수입해 오곤 했어요.

시나몬

육두구

정향

인도

실러캔스

인도양 깊은 곳에는 '실러캔스'라는 아주 희귀하고 특이한 물고기가 살고 있어요. 길이는 2미터, 무게는 80킬로그램 정도로 덩치 큰 사람과 비슷한 크기지요. 실러캔스는 깊은 바닷속 바위들 사이에 사는데, 낮에는 해저 동굴에서 지내요. 헤엄을 칠 수 있지만 단단한 지느러미로 바닷속 바닥을 기어 다니기도 하지요. 실러캔스의 지느러미는 두꺼운 뼈로 이루어졌어요. 우리의 팔과 다리와 비슷하죠. 사실 실러캔스는 약 3억 5000만 년 전에 오늘날의 육지 동물로 진화한 물고기의 마지막으로 살아남은 친척이에요. 또 포유류의 친척이기도 하고요!

인도양

오스트레일리아

몬순(계절풍)

인도양은 1년 중 한때 바다에서 불어온 바람이 대양을 둘러싼 육지, 특히 남아시아에 많은 비를 내리는 몬순으로 유명해요. 몬순은 곡식과 강에 물을 공급해 주기도 하지만 위협적인 홍수를 일으키기도 해요. 몬순은 육지가 바다보다 따뜻한 여름에 나타나요. 이 온도 차이가 바람의 방향을 바꾸어 육지를 향해 불게 만들어요. 육지가 차가워지는 겨울에는 바람이 다시 방향을 바꾸어 육지의 모든 것을 건조하게 만들지요.

습한 바람이 바다에서 불어와요.

여름에는 태양이 육지를 데워요.

11

THE ARCTIC OCEAN
북극해

북극해는 지구의 꼭대기에 위치해 지도에서 찾는 데 시간이 걸리기도 해요. 북극해의 바닷물이 얼어 있어서 얼음 덮인 육지처럼 보이기 때문이에요. 북극해의 경계는 북극권이라고 하는 가상의 선이에요. 겨울이면 북극해는 거의 전부가 얼음으로 덮여요. 그 가운데 절반쯤은 여름 동안 녹았다가 가을이 오면 다시 얼기 시작하지요. 여름에 녹지 않은 얼음은 겨울에 더 두꺼워지는데, 그 두께가 수 미터가 되기도 해요. 북극의 얼음이 어떻게 녹고 어느지를 살펴보는 것은 기후 변화로 인한 지구 온난화가 지구의 다른 곳에 얼마나 많은 영향을 미치는지 이해하는 좋은 방법이에요.

- **면적**
  14,056km²
- **부피**
  전 세계 바다의 1.5%
- **해안 길이**
  45,389km
- **가장 넓은 지점**
  4,230km
- **가장 좁은 지점**
  35km, 네어스 해협(그린란드와 엘즈미어섬 사이)
- **평균 깊이**
  1,205m
- **가장 깊은 곳**
  5,449m, 몰로이 해연(그린란드 근처)
- **주요 섬들**
  그린란드, 스발바르 제도, 엘즈미어섬, 노바야제믈랴섬

쇄빙선

북극해의 일부에서는 걸어 다닐 수 있고, 스키나 썰매 심지어 자동차를 탈 수도 있어요. 하지만 북극해 전체를 탐사하려면 쇄빙선을 이용해야만 해요! 쇄빙선은 얼음을 부수고 지나갈 수 있는 두꺼운 선체와 강력한 엔진을 갖춘 엄청나게 무거운 배예요. 뱃머리는 얼음 위로 미끄러져 올라갈 수 있게 생겼어요. 어마어마한 무게로 얼음을 눌러 깨뜨리지요.

북극해에는 두 개의 북극점이 있어요. 하나는 지구의 자전축이 지나가는 북극으로, '진북극'이라고 불러요. 다른 하나는 나침반이 가리키는 방향에 있는 '자북극'이에요. 자북극은 진북극에서 약 500킬로미터 떨어진 엘즈미어섬 아래에 있어요.

그린란드는 세계에서 가장 큰 섬이에요.
약 1000년 전에 바이킹들이 발견했지요.
그때는 날씨가 지금보다 훨씬 더 따뜻해서
정말로 '그린란드(Greenland, 녹색의 땅)'였어요.

북극해는 세계에서 가장 큰 육상 포식자인
북극곰의 안식처예요. 북극곰은 수 킬로미터를 헤엄칠 수
있어요. 노처럼 사용할 수 있는 넓은 발을 가졌거든요.
북극곰은 대부분의 시간을 얼음 위에서 살다가
바다표범을 발견하면 얼음을 깨뜨려 사냥을 해요.
북극곰은 피부가 검고 털이 투명한데, 멀리서 보면 털이
빛을 반사해서 하얗게 보여요. 그런 털은 속이 비어 있어서
안에 따뜻한 공기를 잡아 두어 북극곰의 체온을 높이는
역할을 한답니다.

13

THE ARCTIC OCEAN
남극해

남극해는 다른 네 대양과는 조금 달라요. 어떤 사람은 사실은 남극해가 존재하지 않는다고 생각해요! 다른 대양들은 지구에서 또렷한 구분선이 있지만, 남극해는 그렇지 않기 때문이에요. 바다는 지구 표면에 자연적으로 생긴 해저에 바닷물이 찬 것이니, 보통 대양들은 육지에 둘러싸여 있어요. 그런데 남극해는 가운데에만 육지가 있어요. 지구의 남쪽 끝에 있는 대륙인 남극 대륙을 고리 모양으로 둘러싸고 있지요. 남극해의 물은 남쪽 위도(남위) 60도까지 뻗어 있어요('위도'는 지구에서의 위치를 적도를 기준으로 측정하는 방법이에요). 남극해의 경계는 여기로 정해져요. 남극의 차가운 물이 대서양, 태평양, 인도양의 더 따뜻한 물과 합쳐지는 지점이기 때문이에요.

남극해에는 약 1350개의 섬이 있어요. 대부분은 얼음 바위예요. 그 가운데 가장 큰 알렉산더섬은 서울보다 약 81배나 크답니다!

심야 태양

심야 태양은 지구의 자전축이 기울어졌기 때문에 생겨요. 이 말은 '12월에 남반구가 태양 쪽을 향한다'는 뜻이에요. 즉 지구가 자전하는 동안 빛을 더 많이 받는다는 얘기지요. 그러는 동안 북반구는 밤이 긴 겨울을 보내고, 남반구는 낮이 길어서 따뜻한 여름을 보내요.

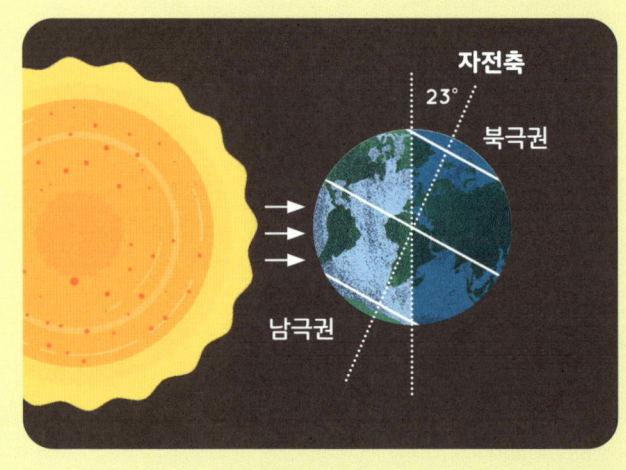

- **면적**
  20,327km^2
- **부피**
  전 세계 바다의 5.5%
- **해안 길이**
  17,968km
- **평균 깊이**
  3,270m
- **가장 깊은 곳**
  7,235m, 사우스샌드위치 해구
- **주요 섬들**
  사우스셰틀랜드 제도, 사우스오크니 제도, 버크너섬, 알렉산더섬

THE SEAS
작은 바다들

오대양을 항해하는 꿈을 꾼 적이 있나요? 이번 기회에 계획을 새롭게 세울 필요가 있어요! 오대양이란 이름은 자세한 바다 지도가 완성되지 않았던 고대에 정한 거예요. 지금은 전 세계에 이름을 가진 바다가 200개가 넘어요. 뱃사람들과 지도 제작자들이 다 그 이름으로 부르지는 않지만요. 육지나 섬으로 둘러싸인 대양의 일부를 모두 "작은 바다"라고 할 수 있어요. 몇 군데만 살펴볼까요?

카스피해

바다는 강으로부터 물을 공급받지만, 바다에 이르지 못하고 호수에 머무는 강물도 있어요. 러시아의 볼가강에서 물을 공급받는 카스피해는 굉장히 큰 호수이기 때문에, 가장 가까운 해변에서 500킬로미터나 떨어진 내륙에 있지만 바다라고 불러요. 이곳의 물은 천천히 증발해서 대부분이 소금으로 이루어진 광물을 남겨요. 그래서 카스피해는 내륙에 있는 호수지만 민물이 아니라 물에 소금기가 있답니다. 신기하게도 카스피해의 수면은 지구 평균 해수면보다 낮아요. 다른 바다보다 28미터나 낮답니다.

보퍼트해
- □ 178,000km²
- ■ 22,000km³
- ≡ 4,683m, 캐나다 분지
- ≋ 북극해

카리브해
- □ 2,754,000km²
- ■ 6,058,800,000km³
- ≡ 7,686m, 케이맨 해구 (쿠바와 자메이카 사이)
- ≋ 대서양

EXPLORING THE DEPTHS

바닷속 탐험

지금까지 대양과 바다에 대한 지도를 둘러보았으니 이제 물속으로 들어가 바닷속에서 어떤 일이 일어나고 있는지 살펴볼 시간이에요. 깊은 바닷속을 탐험하기 위해서는 특별한 기술이 필요해요. 가장 오래된 배는 카누처럼 나무줄기의 안쪽을 파내서 만든 단순한 모양이었어요. 현재 남아 있는 배들 가운데 가장 오래된 것은 약 1만 년 전에 만든 것인데, 인류가 배를 처음 만든 때는 그보다도 수천 년은 더 오래되었을 거예요. 하지만 물속을 항해하는 방법은 20세기에 이르러서야 발명되었답니다.

잠수 방법

잠수함의 탱크에 공기를 채우면 물에 뜰 수 있어요. 반대로 수면 아래로 잠수하기 위해서는 공기를 비우고 물을 채워야 하지요. 물을 채워 무거워진 잠수함은 물속으로 가라앉아요. 수면으로 다시 올라갈 때는 탱크에 다시 공기를 밀어 넣어 물을 빼서 잠수함을 떠오르게 해요. 이때 쓰이는 공기는 저장 탱크에 압축되어 아주 작은 공간을 차지해요. 또 다시 잠수하기 전에 꼭 압축 공기를 다시 채워야 해요. 그러지 않으면 다시 떠오를 수가 없으니까요.

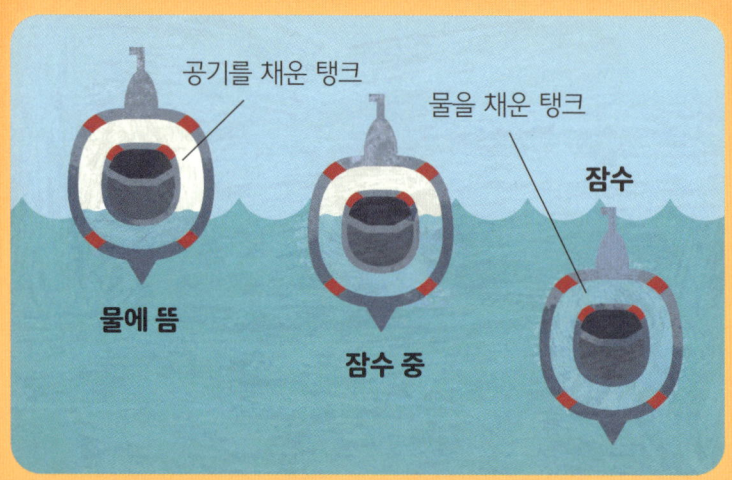

공기를 채운 탱크 — 물에 뜸
물을 채운 탱크 — 잠수 중
잠수

'스쿠버(Scuba)'란 물속에서 혼자 숨을 쉴 수 있게 해 주는 '수중 자가 호흡기'의 영어 줄임말이에요. 공기 탱크, 마스크, 그리고 레귤레이터(호흡기)로 이루어져 있지요.
잠수부는 탱크에 있는 공기를 사용해 물속에서 숨 쉴 수 있어요. 대부분의 잠수부가 잠수할 수 있는 최대 깊이는 약 40미터예요.

스쿠버

해저까지 가려면 심해 탐구선이 필요해요. 심해 탐구선은 곧게 선 채로 가라앉은 다음 다시 올라올 수 있게 만들어졌어요. 이 배에는 승무원 한 명이 혼자 탈 수 있는 작은 선실과 잠수할 때 사용하는 무거운 추, 올라갈 때 사용하는 플로트가 있어요.

심해 탐구선

다이빙 벨

둥근 공 모양의 이 단순한 잠수정은 스스로는 움직이지 못해요. 다이빙 벨 안에는 공기가 갇혀 있는데, 이 공기는 아래쪽의 물이 밀어 올리기 때문에 밖으로 빠져나가지 않아요. 잠수부들은 아래쪽으로 헤엄쳐 나올 수 있고 다이빙 벨과 연결된 관으로 숨을 쉴 수 있어요.

잠수함

잠수함은 수면에서 이동할 수도 있고 물속으로 잠수할 수도 있어요. 대부분의 잠수함은 100미터보다 더 깊이 내려갈 수 없어요. 물의 압력이 선체를 너무 많이 찌그러뜨려 잠수함이 침몰하기 때문이에요. 현대의 잠수함은 물속에서 오랜 시간 머무를 수 있어요. 바닷물로 식수를 만들고 내부의 공기를 재활용해 산소를 충분하게 유지할 수 있답니다!

노틸러스호

미국 해군이 1954년에 설계해서 만든, 원자로로 에너지를 얻는 최초의 잠수함이에요. 연료를 다시 채울 필요 없이 몇 달 동안 바다에 나가 있을 수 있고, 그 기간 내내 물속에 머무를 수 있어요. 이 잠수함은 1958년에 아주 특별한 여행을 했어요. 북극에 도달해 얼음 아래로 잠수를 했거든요!

19

TIDAL ZONE
조간대

이곳은 바다와 육지가 만나는 곳이에요. 바닷물은 '밀물과 썰물'(조수) 때문에 항상 움직여요. 물이 해안으로 밀려와 수위가 높아졌다가 다시 물러나면서 수위가 낮아지지요. 이를 '조석 현상'이라 부르는데, 12시간 25분마다 한 번씩 일어나요. 계속 물이 들어왔다가 나가는 현상은 조간대를 절반은 육지, 절반은 바다인 곳으로 만들어 줘요. 그래서 이 지역의 생물들은 공기 중에서도 살고 물에서도 살 수 있어야 해요. 많은 조간대 생물이 물이 나가면 활동을 멈추고 물이 돌아오기를 기다려요. 생물마다 물 없이 살 수 있는 시간이 다르기 때문에 조간대의 야생 생물은 환경에 따라 띠를 이루고 있어요. 다음에 해변에 가면 한번 찾아보세요!

조석 현상은 어떻게 생길까요?

조석 현상은 달의 중력이 바닷물을 당기기 때문에 생겨요. 달이 머리 위에 있으면 달의 중력이 바다 표면을 약간 볼록하게 만들어요. 지구가 자전함에 따라 이 볼록한 부분도 같이 움직이지요. 먼 바다에서는 볼록한 부분의 높이가 60센티미터밖에 안 되지만, 육지로 오면 물이 해변으로 올라가 밀물을 만들어요. 지구가 계속 자전을 하면 6시간 12분 뒤에는 물이 썰물로 빠져나가요. 두 번째 볼록한 부분은 지구의 반대쪽에 만들어지기 때문에 지구가 절반을 자전할 때마다, 즉 12시간 25분마다 밀물이 생겨요. 2주에 한 번씩 태양과 지구, 달이 일직선상에 놓이는데, 그때 가장 강한 중력을 받아 조수 간만의 차이가 커져요. 이때를 '사리'라고 해요. 조석 현상이 가장 약할 때는 태양, 지구, 달이 직각을 이룰 때예요. 이때를 '조금'이라고 부른답니다.

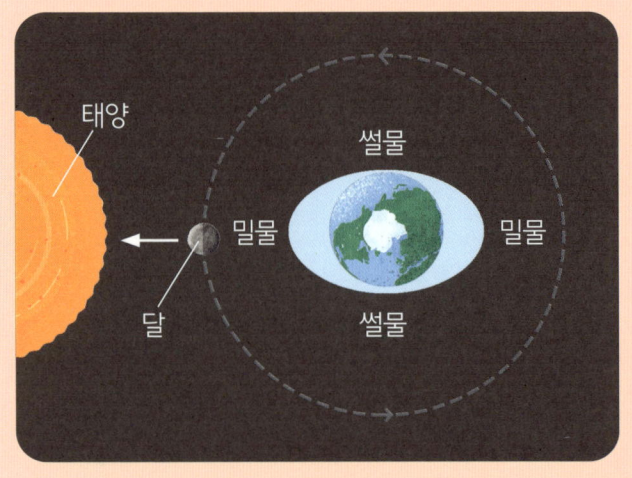

조수 간만의 차이

밀물일 때와 썰물일 때 해수면의 높이 차이를 조수 간만의 차이 또는 조차라고 불러요. 보통 2미터에서 3미터 사이예요. 하지만 해안선이 깔때기 모양인 곳에서는 밀물이 아주 멀리까지 올라와요. 조수 간만의 차이가 가장 큰 곳은 캐나다의 펀디만으로 16.3미터예요. 우리나라의 서해도 조수 간만의 차이가 약 9미터로 아주 큰 편이지요.

하부 조간대

밀물 때는 물에 잠겼다가 썰물 때 드러난 바위나 땅 위에 물이 고이는 곳을 '조수 웅덩이'라고 해요. 바다 생물들은 썰물 때 이 웅덩이에 갇히는데, 웅덩이의 물은 태양 빛을 받아 증발하면서 소금 농도가 높아지고 따뜻해져요. 그리고 밀물이 되면 다시 채워진답니다.

해변의 가장 높은 부분에 습기를 전해 주는 것은 해안에 부딪히는 파도의 포말(물거품)뿐이에요. 이곳에는 따개비가 살아요. 따개비는 흐르는 물을 걸러서 먹이를 먹고 건조할 때는 껍질을 닫아 안쪽을 습하게 유지하지요.

포말대

상부 조간대

이 지역은 밀물 때만 물에 덮이고 썰물 때는 물에 덮이지 않을 수도 있어요. 이곳에 사는 해초들은 작고, 거칠고, 딱딱해요. 고둥이나 삿갓조개 같은 조개류는 껍질 안에 물을 오래 가지고 있기 위해서 바위에 단단하게 붙어 있어요.

중부 조간대

이 지역은 물에 덮였다가 바닷물이 지나갈 때마다 물 밖에 드러나요. 이곳의 야생 생물들은 공기 중에 있는 것과 거의 같은 시간 동안 물속에 있어요. 해초들은 공기 중에서도 습한 상태를 유지하기 위해서 점액으로 덮여 있어요. 말미잘은 썰물이 되면 질척한 거품 안으로 촉수를 말아 넣어요.

이곳은 거의 물속에 잠겨 있는 구역이에요. 큰 해초와 게, 물고기들이 가득하지요. 하지만 사리 때는 썰물 동안 물이 멀리 빠져나가서 하루에 몇 시간이나 공기 중에 드러날 수도 있어요.

SUNLIT ZONE

유광층

바다의 가장 위쪽 층은 해가 지기 전까지는 햇빛이 넘치는 곳이에요. 육지의 식물과 마찬가지로 바다의 식물도 자라는 데 햇빛이 필요해요. 유광층이란 외해(육지에서 멀리 떨어진 바다)의 해수면에서 약 200미터 깊이까지를 말해요. 바다 식물의 대부분이 이 지역에 살지요. 이보다 더 깊은 곳에는 햇빛이 잘 들지 않아서 식물이 번성하기 어려워요. 푸른색의 물이 햇빛을 흡수하기 때문이에요. 바다의 대부분은 200미터보다 훨씬 깊고, 깊은 바닷속은 수 킬로미터까지 내려가기도 해요. 그렇게 깊은 곳에 사는 식물은 육지의 식물처럼 하늘을 향해 자라지 않아요. 그 대신 플랑크톤이라고 불리는 떠다니는 작은 유기체로 존재해요. 수면 근처에는 물 1리터마다 플랑크톤이 백만 마리나 살아요. 이 플랑크톤들은 유광층뿐만 아니라 더 깊은 곳에 사는 동물들에게 중요한 먹이랍니다.

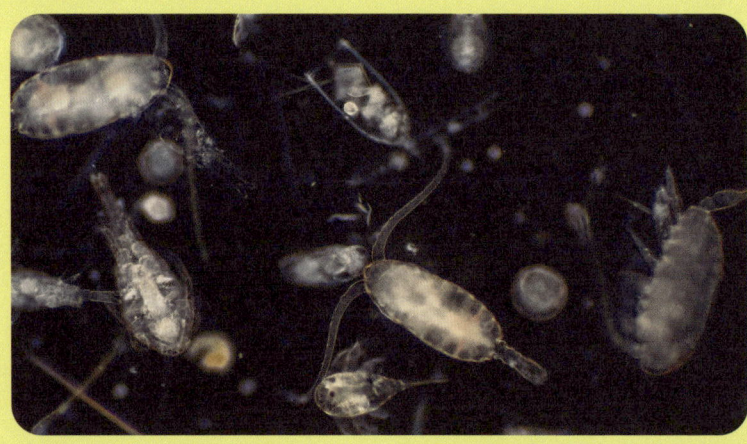

플랑크톤

플랑크톤은 바다를 떠다니는 생명체예요. 이들은 가고 싶은 곳으로 갈 수 있을 정도로 헤엄을 잘 치지 못해요. 대신 해류를 타고 움직이지요. 식물성 플랑크톤은 '조류'라고도 불리는 유기체예요. 동물성 플랑크톤은 식물성 플랑크톤을 먹는 작은 동물이고요.

이 해파리는 몸 전체가 푸른빛이며, '고깔해파리'라고도 해요. 공기주머니(부레)가 돛처럼 생겨서 바람을 받아 이 물고기 포식자가 이동하게 해 주어요. 촉수를 물속에 내뻗어 두고, 누군가 건드리면 독이 있는 침을 쏘아요. 촉수는 30미터도 넘게 뻗을 수 있답니다!

작은부레관해파리

돛새치

이 물고기는 최대 속도가 시속 110킬로미터로 바다에서 가장 빠른 수영 선수예요. 돛새치 떼는 이 속도를 무기로 사용해 뾰족한 주둥이로 먹이를 찔러 사냥하지요. 이들은 돛처럼 생긴 지느러미를 펄럭여 물고기들을 공처럼 몰아서 더 잡기 쉽게 만들어요.

물고기는 해수면에서 오래 살아남을 수 없어요. 돌고래 같은 바다의 사냥꾼들이 물고기 떼를 쫓을 때 해수면까지 쫓아가거든요. 날치는 이런 위험을 피할 수 있게 진화했어요. 날치들은 해수면 위로 뛰어올라 날개처럼 생긴 지느러미를 펼치고 공중을 날아서 달아나요.

날치

백상아리

몸길이는 6미터가 넘고 무게는 1톤으로, 세계에서 가장 큰 사냥하는 물고기예요. 물 밖에서 보면 청회색의 등이 어두운 물과 비슷하고, 물속에서 보면 햇빛에 빛나는 수면과 흰색의 배가 비슷해서 눈에 잘 띄지 않아요. 백상아리는 낮에 유광층의 맨 아래쪽에서 돌아다니다가 밝은 수면에 있는 바다표범 같은 다른 사냥감들을 찾아서 위로 올라가 공격해요.

고래상어

바다에서 가장 큰 물고기인 고래상어는 몸 길이가 12미터를 넘으며 이빨을 300개나 갖고 있어요. 하지만 먹이를 씹는 이빨은 아니랍니다. 이 거대한 물고기는 유광층을 헤엄치며 1분에 1만 리터의 물을 마셔요. 그리고 플랑크톤을 걸러 내어 삼키지요. 물은 머리 양쪽에 있는 아가미구멍으로 다시 나와요. 상어 가운데 온순한 편이라고 알려져 있어요.

23

TWILIGHT ZONE
약광층

수면에서 약 200미터 아래로 내려가면 태양 빛이 사라지기 시작해요. 햇빛이 밝은 한낮에도 이곳은 항상 으스스한 황혼의 세계예요. 더 깊은 곳은 금방 어두워져서 해초와 식물성 플랑크톤처럼 광합성을 해야 하는 생물은 살 수가 없어요. 약광층은 다른 동물을 먹으면서 살아가는 동물들만의 동네예요. 빗해파리 같은 작은 동물들은 물에서 음식 알갱이들을 걸러 낸답니다. 약광층에 사는 많은 동물은 '생물 발광'을 해서 스스로 빛을 만들어요. 몸에 있는 특별한 빛 기관인 발광기 안에서 화학 물질을 혼합하는 거예요. 생물 발광을 하는 동물들은 색과 반짝임으로 신호를 보내서 짝을 유혹하거나 자신들의 집단을 보호해요. 어떤 동물은 빛으로 먹이를 가까이 꾀어내어 잡아먹어요!

이 작은 물고기는 떼를 지어 살아요. 낮에는 눈에 띄지 않는 깊은 곳에 머물지만 해가 지면 수면 근처로 올라가서 먹이를 먹지요. 이 물고기의 이름은 자신의 몸을 덮고 있는 많은 발광기에서 따온 거예요. 이들은 발광기를 이용해 몸을 주위의 물처럼 푸른색으로 빛나게 해서 몸을 숨긴답니다.

샛비늘치

쿠키커터 상어

이 작은 상어를 만만하게 보지 마세요. 여러분의 팔 길이 정도의 크기지만 물리면 끔찍해요. 작고 둥근 턱에 달린 450개의 날카로운 이빨을 고래나 돌고래, 또는 큰 물고기 같은 커다란 사냥감의 피부에 고정하고 살덩어리가 떨어져 나올 때까지 몸을 비틀어요. 쿠키커터 상어는 깊고 따뜻한 바다에 살며 매일 긴 여행을 해요. 낮에는 약광층의 맨 아래쪽에 머물러 있다가 밤에는 먹이를 찾아 유광층 경계까지 헤엄쳐 올라오고 새벽에 집으로 돌아가요.

볼록눈 물고기의 특징은 눈이 머리 안에 있다는 거예요. 초록색 불처럼 보이는 부분이 눈이고, 입 바로 위에 꼭 눈 같아 보이는 부분은 콧구멍이에요. 이 물고기의 눈은 어둡고 깊은 바다에 희미하게 들어오는 빛을 모아 먹잇감의 윤곽을 찾는 데 도움을 준답니다.

유광층

200m

볼록눈 물고기

눈

이 괴물 상어는 수면 근처로는 결코 오지 않아서 1976년에야 발견되었어요. 수천 개의 이빨을 가지고 있지만 모두 아주 작아요. 넓은주둥이상어는 큰 입을 벌리고 미끄러지듯 다녀요. 빛나는 입술로 작은 동물들을 유혹하고 머리 양쪽에 있는 아가미를 사용해 입에 가득 찬 물에서 먹을 것을 걸러 내요.

넓은주둥이상어

약광층

1000m

모두 어디 있을까요?

유광층과 비교하면 약광층은 텅 비어 있는 것처럼 보여요. 이 지역이 훨씬 큰 공간을 차지하기 때문이기도 하지만, 동물들이 물에서 얻을 수 있는 먹이와 산소가 그렇게 많지 않기 때문이기도 해요. 수면 근처에서는 파도와 바람이 공기와 물을 섞어 산소가 바닷물에 녹지만, 약광층에서는 해류가 물의 층들을 천천히 섞어 적은 양의 산소를 얻을 뿐이에요. 약광층에 사는 동물들은 아무것도 하지 않고 떠다니기만 하면서 에너지를 아껴요.

한밤 지역

MIDNIGHT ZONE
한밤 지역

1000미터 아래의 바다는 육지의 어떤 밤보다 어두울 정도로 완전히 캄캄해요. 햇빛이 전혀 닿지 않기 때문이에요. 이곳은 변화가 많지 않아요. 예를 들어 해수면 근처의 바다는 시기와 장소에 따라 온도 차이가 크잖아요. 북극해의 해수면 온도는 0℃ 아래로도 내려가지만, 대서양 중앙 지역에서는 25℃ 이상으로 올라가기도 하는 것처럼요. 하지만 이 깊고 어두운 바다의 온도는 항상 4℃를 유지해요. 물은 4℃일 때 가장 무거워서 아래로 가라앉기 때문이에요. 이 한밤 지역은 거의 텅 비어 있어요. 식물은 없고, 동물들은 아주 드물게 보이는데 서로 멀리 떨어져 있지요. 먹이를 찾기가 쉽지 않아요.

수압

압력은 표면을 누르는 힘이에요. 공기에도 압력이 있어서 우리를 항상 누르는데, 우리가 알아채지 못하지요. 물이 만들어 내는 압력을 수압이라고 해요. 물속으로 내려갈수록 세지지요. 수압은 수심 10미터에서 대기의 압력과 같은 세기가 되고, 한밤 지역에서는 수면에서보다 수백 배 강해져요. 사람은 맨몸으로는 이곳에서 버티지 못하고, 심지어 잠수함도 대부분 부서질 정도예요. 이렇게 깊은 곳에 사는 동물들은 몸 안에서 밖으로 미는 압력이 밖에서 안으로 미는 압력과 같게 해 주는 부드러운 몸을 가지고 있어요. 이들이 물 밖으로 나오면 아래 그림의 못생긴 블로브피시처럼 모양이 완전히 망가져요.

큰입장어

한밤 지역의 동물은 발견하는 것은 무엇이든 먹을 준비가 되어 있어야 해요. 이 신기한 물고기는 몸보다 입이 더 커요. 목구멍과 위가 너무 잘 늘어나기 때문에 자기 몸보다 더 큰 먹이도 삼킬 수 있지요! '풍선장어' 또는 '꿀꺽장어'라고도 불린답니다.

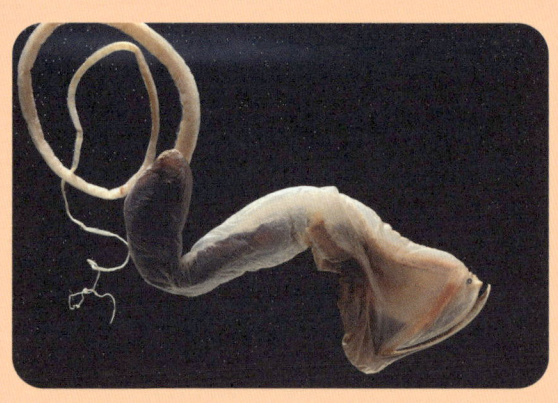

대왕오징어와 향유고래

한밤 지역은 거대한 두 동물이 만나 목숨을 걸고 싸우는 곳이에요. 향유고래는 세상에서 가장 큰 포식 동물이지요. 어둠 속으로 잠수해 90분 동안 숨을 참으며 대왕오징어를 찾아 잡아먹어요. 몸길이 13미터의 대왕오징어는 고래보다 약간 더 길지만 훨씬 가벼워요. 고래는 긴 턱으로 움켜쥐듯이 오징어를 물고, 오징어는 날카로운 주둥이와 팔에 있는 뾰족한 빨판으로 맞서 싸우지요. 아직 향유고래와 대왕오징어의 싸움을 직접 본 사람은 아무도 없어요.

흡혈 오징어

이 심해 괴물의 학명은 '뱀파이로투티스 인페르날리스(Vampyroteuthis infernalis)'로, '지옥에서 온 흡혈 오징어'라는 뜻이에요. (사실은 문어 종류랍니다!) 흡혈 오징어는 사라지는 기술을 사용해 포식자에게서 벗어나요. 몸의 바깥쪽은 반짝이는 빛으로 덮여 있지만 거미줄 같은 촉수 치마 아래쪽은 그렇지 않아요. 포식자가 다가오면 치마를 뒤집어서 빛을 가려요. 그러면 마치 마법처럼 사라지지요.

아귀

아귀는 얼굴에 낚싯대처럼 매달린 유연한 막대 끝에 빛나는 미끼를 가지고 있어요.
미끼로 바다 생물들을 유혹해 이빨이 가득한 턱으로 한입에 잡아먹지요. 이 사냥꾼은 2센티미터에서 1미터가 넘는 것까지 크기가 다양해요.

1000m

4000m

SEABED
해저

물 속 깊은 곳에 있는 바다 밑바닥을 해저라고 불러요. 깊고 춥고 항상 어둠에 덮여 있는 숨겨진 세계예요. 해저에 직접 가 본 사람은 거의 없어요. 해저에는 불가사리나 조개류처럼 우리가 바닷가에서 보는 동물부터 큰 벌레나 거대한 게처럼 아주 색다른 동물까지 다양한 동물들이 살고 있어요.

대부분의 아주 깊은 해저에서는 해초가 자라지 않아요. 대신 깊은 바다 밑바닥에는 바다 눈이라고 불리는 모래 조각이나 먼지 알갱이가 수면에서부터 천천히 가라앉아 쌓인 모래와 부드러운 진흙이 두껍고 넓게 펼쳐져 있어요. 이 '눈'은 해저에 사는 생명체들의 주된 식량이에요. 약광층에서 가라앉은 생명체의 잔해와 배설물이 포함되어 있거든요.

키다리 게

세계에서 가장 큰 이 게는 해안선 근처 약 400미터 깊이의 해저에 살아요. 이 날씬한 게는 다리를 쭉 펴면 길이가 5미터가 넘어요. 2인용 침대를 한 걸음에 넘어갈 수 있겠네요! 키다리 게는 바다 밑바닥에서 먹이를 잡아 올리는 데 쓰는 집게발 한 쌍을 갖고 있어요. 이처럼 긴 다리는 진흙이 많은 깊은 바다에서 생활할 때 유용해요.

뱀처럼 생긴 이 길쭉한 물고기는 고래같이 큰 동물의 시체를 찾아 해저를 돌아다녀요. 이 물고기는 음식을 씹을 수 있는 턱이 없어요. 대신 이빨이 나선형으로 배열되어 있어서 몸을 회전해 살에 구멍을 뚫고 고기를 빨아먹는답니다.

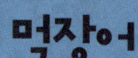

먹장어

해저에 사는 암피포드는 쥐며느리처럼 생겼어요.
하지만 훨씬 크게 자랄 수 있어요. 가장 큰 것은
토끼만 해서, 길이가 30센티미터가 넘지요.
이 동물은 죽은 물고기 조각들을 찾아 바닥을 기어 다녀요.

타이타닉호의 잔해

해저에서는 많은 난파선이 발견되곤 해요. 대양을 가로지르기 위해 만든 거대한 여객선인 타이타닉호도 1912년에 북대서양 한가운데서 빙하와 충돌하고 침몰해 1500명이 넘는 사람이 죽었어요. 타이타닉호는 3.8킬로미터를 가라앉아 바다 밑바닥에 충돌하기 전에 둘로 쪼개졌어요. 그 잔해는 73년 후에 발견되었는데, 그때는 해저 생물들의 안식처가 되어 있었어요.

거대 암피포드

해저에 사는 물고기의 일부는 모래와 조약돌 사이에 위장하기 위해 납작한 모양을 가졌어요. 크게 두 종류가 있어요. 가오리는 상어의 먼 친척인데, 화살 모양의 몸과 채찍 모양의 꼬리를 가졌어요. 다른 한 종류는 도다리와 가자미예요. 이 친구들은 어릴 때는 몸을 똑바로 세우고 헤엄을 치지만, 자라고 나면 해저 한쪽에 몸을 납작 붙이고 살아요. 이 납작한 물고기는 자라면서 두개골이 한쪽으로 뒤틀려요. 그래서 두 눈이 몸의 한쪽에 쏠려 있지요.

가오리

OCEAN TREACH
해구

깊은 바다 밑바닥은 대부분 평평하고 굴곡이 없어요. 깊수 킬로미터를 가도 모래와 진흙만 계속 이어지기도 하지요. 해양학자들은 이처럼 넓게 펼쳐진 평평한 곳을 '심해저평원'이라고 해요. 하지만 해저에서 가끔 좁고 깊게 움푹 들어간 곳도 볼 수 있는데, 그곳은 바로 해구예요. 우리가 발견한 가장 깊은 곳은 '마리아나 해구'지요. 전 세계 바다에는 25개가 넘는 해구가 있는데, 대부분 바다 밑바닥보다 적어도 3000미터는 더 깊어요. 해구는 수압이 굉장히 세요. 마리아나 해구 맨 밑바닥의 수압은 머리 위에 코끼리 100마리를 올려놓은 것과 비슷해요(진짜 코끼리를 올려놓지는 말아요!). 해구에는 해저보다 먹을 것이 훨씬 적어요. 그래서인지 해구에 사는 동물에 대해서도 알려진 것이 거의 없지요. 그리스 신화에 나오는 죽음의 신 하데스의 이름을 따서, 해구를 '하데스 지역'이라고 부르기도 한답니다.

원격 작동 차량은 사람이 올라타지 않고 먼 곳에서 조종할 수 있는 차량을 말해요. 대부분의 심해는 이 차량을 사용해 탐사하지요. 사람이 타는 것보다 훨씬 안전하게 오래 탐사할 수 있어요. 동굴 안이나 해저의 좁은 곳에도 들어갈 수 있지요. 해저의 상황을 실시간 화면으로 알려 주는 원격 작동 차량은 보통 수면 위에 있는 배와 긴 줄로 연결되어 있어요. 원격 작동 차량은 바다 밑바닥에서 진흙과 동물 샘플도 수집해요.

원격 작동 차량(ROV)

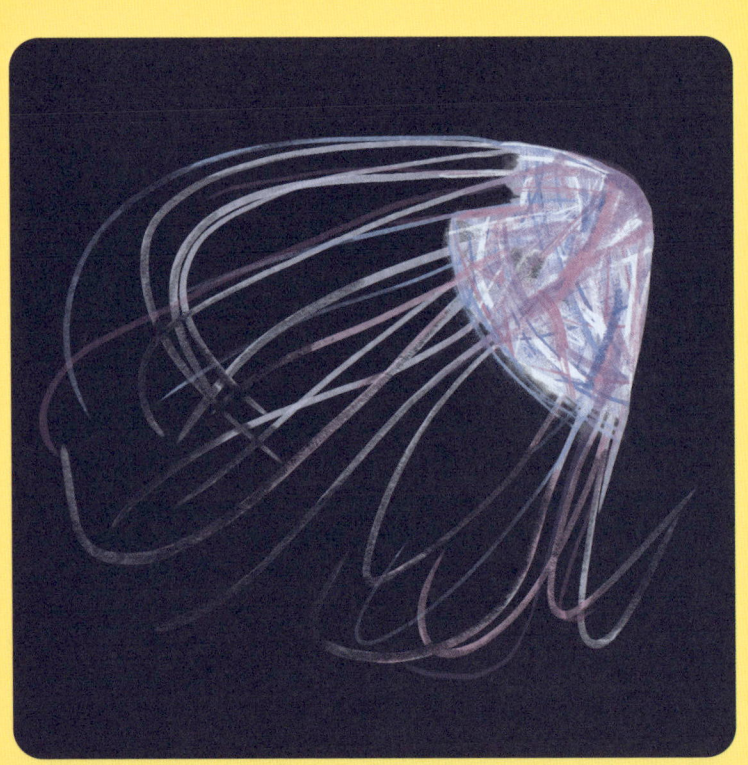

해구 맨 아래의 바닥은 '연니'라고 하는 아주 고운 진흙으로 덮여 있어요. 연니의 입자들은 대부분 너무 작아서 맨눈으로 볼 수 없어요. 하지만 현미경으로 보면 조개껍질처럼 생긴 미생물의 골격이 보여요. 높은 곳에서 가라앉은 이 미생물의 잔해들은 종종 아름다운 모양을 만들기도 한답니다.

연니

해구 동물들

해구에는 물고기가 아주 드물게 살아요. 대신 바다 밑바닥에는 물에서 작은 먹이 조각을 걸러 내는 홍합 같은 조개들이 살지요. 지렁이의 사촌인 갯지렁이는 바다 밑바닥에 있는 진흙 속으로 굴을 파고 들어가 그 속에 섞여 있는 먹이를 먹어요. 또 다른 심해 동물은 불가사리와 성게의 친척인 해삼이에요. 튜브처럼 생긴 이 생물은 진흙을 걸러 먹이를 찾아요.

심해 잠수정

해구를 방문할 수 있는 유일한 방법은 심해 잠수정을 타는 거예요. 심해 잠수정은 엄청난 압력을 견딜 수 있게 만들어졌어요. 선원이 원하는 곳은 어디나 갈 수 있는 잠수함과는 달리 잠수정은 지원함에 실려 잠수하는 곳으로 이동해요. 하지만 잠수정은 잠수함보다 바닷속으로 훨씬 깊이 잠수할 수 있답니다!

MAPPING THE SEABED

해저 지도 만들기

바다의 물이 모두 없어진다면 산맥과 광활한 고원, 그리고 깊은 계곡이 있는 새로운 풍경이 나타날 거예요. 해양학자들은 수 세기 전부터 바다가 얼마나 깊은지, 또 깊은 바닷속에 무엇이 있는지 알아내기 위해 여러 방법으로 연구해 왔어요. 물속 수천 미터 아래 무엇이 있는지 알아내는 것은 쉬운 일이 아니어서, 우리가 그린 해저 지도는 아직 일부분일 뿐이에요. 하지만 해양학자들은 때때로 완전히 물에 잠긴 산들을 찾아내며 계속 우리의 지식을 발전시키고 있어요.

에이치엠에스(HMS) 챌린저호

마리아나 해구에서 가장 깊은 곳을 '챌린저 해연'이라고 불러요. 1875년 챌린저호의 선원들이 측정했기 때문에 붙은 이름이에요. 이 영국 배는 4년 동안 바다에서 지내며 바다의 깊이를 기록하고, 바다 밑바닥 진흙의 샘플을 수집하고, 물의 염도와 온도를 측정했어요. 이 여정 동안 수집된 정보는 해양학이라는 새로운 학문의 출발점이 되었지요.

라이다

음향측심법은 바다 밑바닥의 지도를 가장 정확하게 그릴 수 있는데, 한 번에 아주 좁은 범위만 볼 수 있어요. 더 빠른 방법은 비행기에서 물속을 향해 발사하는 레이저를 이용한 라이다예요. 이 기술은 넓은 지역을 빠르게 탐색할 수 있지만 음향측심법만큼 정확하게 보지는 못해요.

패덤

패덤은 예전에 바다의 깊이를 재는 데 쓰던 단위예요. 두 팔을 쭉 벌렸을 때 두 손 사이의 거리를 뜻했어요. 오늘날 쓰이는 단위로 바꾸면, 1패덤은 183센티미터예요. 바다의 평균 깊이는 약 2000패덤이랍니다.

음향측심법

바다 밑바닥의 지도를 만드는 가장 좋은 방법은 음향측심기를 이용하는 거예요. 음향측심기는 조사선에 싣거나 조사선 뒤에 매달아 사용해요. 이 기계는 높고 강한 소리를 바닷속으로 쏘아 보내요. 그러면 소리가 바다 밑바닥에 반사되어 다시 돌아오지요. 소리는 물속에서 거의 일정한 속도로 이동하기 때문에, 이 소리가 돌아오는 데 걸리는 시간을 측정하면 물의 깊이를 알 수 있어요.

튀어나온 수면

바다의 바닥이 평평하지 않은 것처럼 바닷물의 표면(해수면)도 평평하지 않아요. 위성에서 관측한 자료를 보면 해수면에는 약간 볼록한 부분과 움푹 꺼진 부분이 있어요. 그 차이는 겨우 몇 센티미터 정도로 작아요. 바다의 높이는 모든 곳에서 같지 않답니다. 지구는 완벽하게 매끈한 공이 아니기 때문이에요. 지구에 튀어나온 부분과 꺼진 부분이 있는 것처럼, 해수면도 마찬가지랍니다.

THE MID-OCEAN RIDGE

중앙 해령

바다는 아주 큰 비밀을 숨기고 있어요. 바다와 대륙이 아주 천천히 움직인다는 사실이지요. 수백만 년 전의 지구 표면은 지금과는 전혀 닮지 않았어요. 대양의 한가운데 길게 뻗어 있는 해저 산맥 형태의 지형인 중앙해령이 그 증거예요. 깊은 바닷속은 대부분 텅 비어 있고, 평평하지만 해변에서 멀리 떨어진 곳에는 화산들이 있어요. 이 화산들은 수면 위로 거의 올라오지 않는 긴 산맥을 만들지요. 이렇게 바다 밑바닥의 벌어진 틈 사이로 용암이 나와서 이룬 커다란 산맥을 해령이라고 불러요. 해령의 중앙에서 새로운 해저가 만들어지기도 하지만, 오래된 해저는 깊은 해구로 끌려 들어가 없어져요. 녹아서 지구 내부로 다시 돌아가는 거지요. 어떻게 이런 일이 벌어질 수 있는지 한번 같이 살펴볼까요?

중앙 해령은 지구에서 가장 긴 산맥이에요.
이곳을 찾아 정상에 오른 사람은 아무도 없답니다!

- 연속된 산맥의 길이가 가장 긴 것: 65,000km
- 모든 해령의 전체 길이: 80,000km
- 평균 깊이: 2,600m
- 꼭대기의 평균 높이: 2,000m

대서양 중앙 해령

바다에 해령이 있다는 최초의 단서는 1800년대 챌린저호가 대서양 중앙이 대륙 쪽의 해저보다 얕다는 사실을 발견한 것이었어요. 그리고 약 80년 후 음향측심기를 이용해 조사하면서 바닷속에 있는 산맥을 발견했지요. 이곳이 바로 대서양 중앙 해령이에요. 길이는 1만 6000킬로미터가 넘고, 아이슬란드와 아조레스 제도, 세인트헬레나섬 같은 몇 개의 섬이 수면 위로 올라와 있어요.

아이슬란드 싱벨리어 국립 공원에는 대서양 중앙 해령의 꼭대기인 갈라진 계곡이 있어요.

해양학자들은 해령이 아주 천천히 점점 넓어진다는 사실을 발견했어요. 대서양 중앙 해령은 1년에 2.5센티미터씩 자라지요. 해령의 한가운데 있는 바위가 아주 얇고, 지구 내부의 용암이 갈라진 틈으로 솟아나와 식어서 새로운 바닥을 만들기 때문이에요. 이렇게 더해진 새로운 암석이 해령을 밀어서 점점 넓어지게 해요.

지구의 암석 지각은 판이라고 하는 큰 덩어리들로 쪼개져 있어요. 해령은 판들이 만나는 곳의 하나로, 새로운 암석이 만들어지는 곳이기도 해요.
또 다른 경계는 하나의 판이 다른 판 위로 올라가 이를 지구 내부로 밀어 넣어서 용암이 만들어지는 곳이에요. 이 과정에서 해구가 생겨난답니다.

팽창하는 바다 밑바닥 · 젊은 지각 · 해저 · 오래된 해저가 사라짐 · 오래된 지각 · 해구 · 마그마

대륙 이동설

해저는 어딘가에서 만들어지고 다른 곳에서는 파괴되기 때문에 바다와 이를 둘러싼 해안선의 지도는 조금씩 변해요. 약 2억 5100만 년 전에는 지구의 모든 육지가 '판게아'라는 하나의 대륙을 이루고 있었고, 판게아는 '판탈라사'라는 거대한 바다에 둘러싸여 있었어요. 그 후에 대륙들이 나뉘어 오늘날의 모습이 된 거예요. 대서양은 지금도 넓어지고 있고, 태평양은 줄어들기 시작했어요. 다음 2억 5100만 년 후의 세계는 어떻게 생겼을까요?

페름기, 2억 5100만 년 전

트라이아스기, 2억 년 전

쥐라기, 1억 5000만 년 전

백악기, 7000만 년 전

현재

HYDROTHERMAL VENTS

열수 분출공

열수 분출공은 바닷속에 있는 화산 온천이에요. 여기서는 아주 뜨거운 물이 나와 깊은 바닷속의 차가운 물과 섞여요. 열수 분출공은 1970년대에 잠수정을 탄 탐험가들이 발견했어요. 그들은 깊은 바닷속에서 동물들로 가득한 이상한 생태계를 찾아냈지요. 그 동물들은 다른 해저 동물들과 다르게 수면에서 가라앉은 잔해물을 먹지 않고, 분출공에서 뜨거운 물과 함께 배출되는 화학 물질을 먹고 살았어요.

- **물 온도**
  464°C

- **수압**
  대기압의 200배

- **가장 높은 것**
  60m, 대서양 중부의 포세이돈 열수 분출공

- **가장 큰 것**
  대서양 중부의 로스트시티 열수 지역

- **최초 발견**
  태평양의 갈라파고스 단층

- **알려진 개수**
  지금까지 약 185개(총 1100개로 추정)

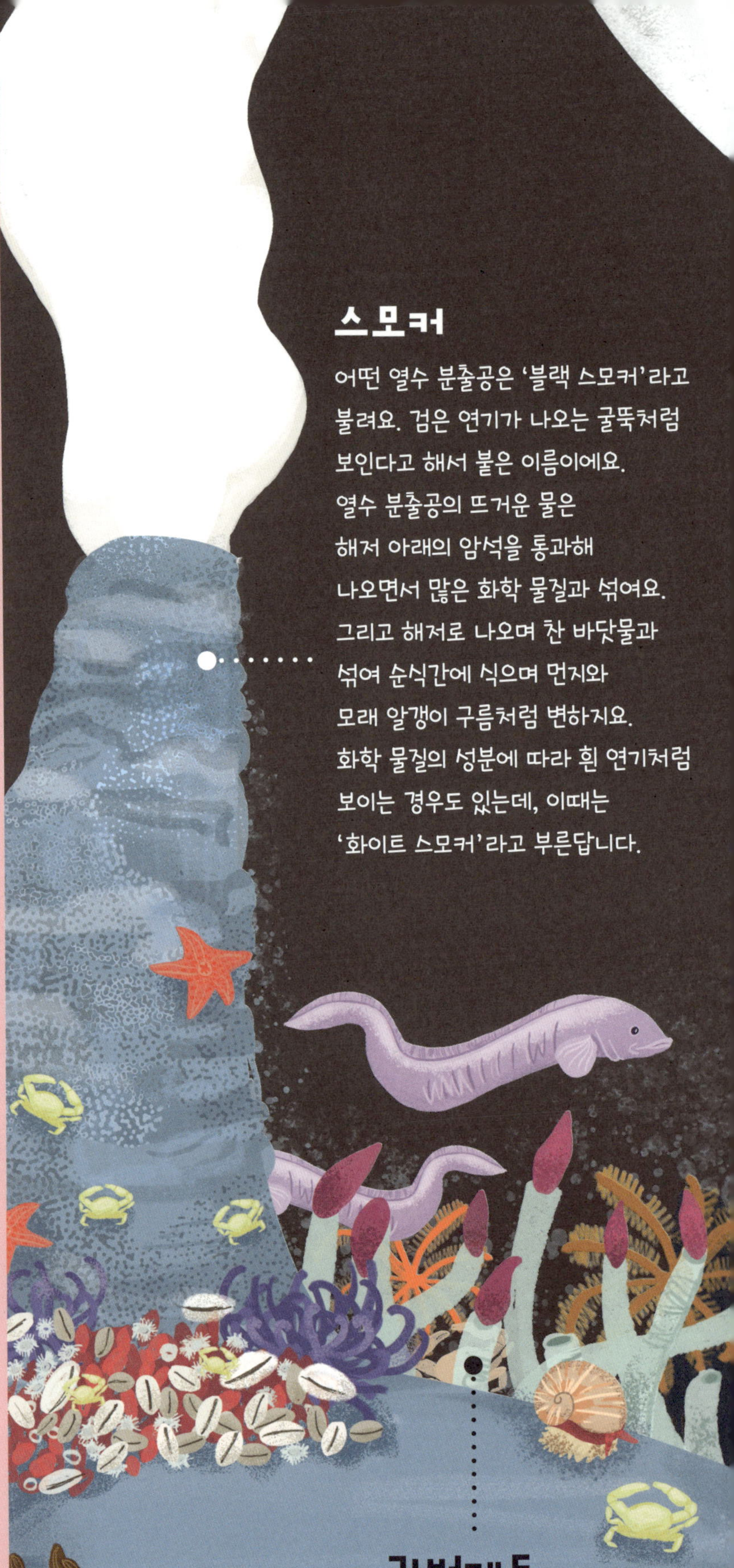

스모커

어떤 열수 분출공은 '블랙 스모커'라고 불려요. 검은 연기가 나오는 굴뚝처럼 보인다고 해서 붙은 이름이에요. 열수 분출공의 뜨거운 물은 해저 아래의 암석을 통과해 나오면서 많은 화학 물질과 섞여요. 그리고 해저로 나오며 찬 바닷물과 섞여 순식간에 식으며 먼지와 모래 알갱이 구름처럼 변하지요. 화학 물질의 성분에 따라 흰 연기처럼 보이는 경우도 있는데, 이때는 '화이트 스모커'라고 부른답니다.

관벌레들

열수 분출공은 2.4미터 길이로 자라는 거대 관벌레의 안식처예요. 관벌레가 가진 꽃 모양의 붉은 기둥들이 물에서 화학 물질을 모아 몸 안에 사는 세균에게 주지요. 세균들은 이 화학 물질들을 관벌레의 먹이로 바꿔 준답니다.

세균 먹이

열수 분출공에서 나오는 화학 물질, 특히 블랙 스모커에서 나오는 황은 근처에 사는 세균들의 먹이예요. 비슷한 종류의 세균이 땅속 깊은 곳에서도 사는데, 이 친구들은 암석에 있는 화학 물질을 먹고 살지요. 열수 분출공 근처에 사는 세균들은 거의 끓는 물에서도 살 수 있어요. 분출공 근처에 사는 동물들은 이런 세균을 먹어요.

외계의 바다

생물학자들은 열수 분출공 근처에 사는 미생물들이 30억 년도 더 전에 지구에 등장한 최초의 생명체와 가까운 친척이라고 주장해요. 또 열수 분출공이 목성의 위성인 유로파나 토성의 위성인 엔켈라두스 같은 외계 세계에도 있다면, 그곳에도 외계 세균이 살고 있을 거라고 생각하지요. 이 두 위성에는 얼음으로 덮인 표면 아래에 거대한 바다가 있어요. 유로파에는 지구의 모든 바다를 합친 것보다 두 배나 많은 물이 있다고 해요!

동물 공동체

열수 분출공의 물은 동물을 익힐 정도로 뜨겁지만, 분출공에서 몇 센티미터만 떨어져도 적당한 온도가 돼요. 동물들은 분출공 주위에 해저의 다른 곳들보다 10만 배나 높은 밀도로 모여 있어요. 이곳에는 물에서 세균을 걸러 먹는 홍합도 살고, 홍합을 먹는 게도 살아요. 가끔 바다의 다른 곳에서 오는 손님도 있답니다.

냉수 분출공

냉수 분출공은 뜨거운 물이 아니라 차가운 물을 방출해요. 이 차가운 물에는 때때로 열수 분출공에서 나온 뜨거운 물에는 없는 화학 물질이 들어 있어요. 석유와 비슷한 물질을 포함해서요. 화학 물질이 풍부한 차가운 물은 보통의 바닷물보다 무겁기 때문에 바다 밑바닥에 고여 웅덩이를 만들어요. 이 물은 바다 생물들에게 독이 되기도 해요.

UNDERSEA VOLCANOES

해저 화산

히말라야산맥이나 로키산맥 같은 육지의 산들은 두 지각판이 서로를 밀어서 만들어졌어요. 한 지각판이 다른 지각판의 아래로 들어가며 그 지각판을 밀어 올려 높은 산맥이 생기는 식이지요. 하지만 해저에서는 보통 화산이 분출해서 산맥이 만들어진답니다. 화산의 분화구에서 뿜어져 나온 용암이 수년간 쌓여 산이 되는 거예요. 해양학자들은 100만 개가 넘는 해저 화산이 있다고 생각해요. 대부분은 분출 활동을 쉬고 있는 휴화산이지만요. 그 가운데 약 7만 5000개는 높이가 1000미터가 넘어요. 아주 높은 산은 해수면 위로 올라오기도 하는데, 하와이나 카나리 제도가 이렇게 만들어진 섬이에요. 하지만 대부분의 해저 화산은 깊은 물속에 있고 꼭대기도 수면 한참 아래에 있어요. 이런 바다의 산은 계속 새로 만들어지고 있어요.

타무 매시프

북태평양의 하와이와 일본 중간쯤에 있는 이 해저산은 지구에서 가장 큰 화산이에요. 이 거대한 화산은 1억 4000만 년 전쯤에 형성되었으며, 55만 3000제곱킬로미터나 되는 지역을 덮고 있어요. 스페인보다도 큰 셈이에요!

- 높이
  4,460m
- 해수면에서 꼭대기까지 깊이
  1,980m
- 해수면에서 바닥까지 깊이
  6,400m

마우나케아산

하와이 제도에서 가장 새로운 섬은 빅아일랜드예요. 그곳에는 화산이 몇 개 있는데, 그 가운데 가장 큰 화산이 마우나케아산이에요. 이 웅장한 산은 높이가 해발 4207미터지만, 산의 밑둥은 바다 밑바닥까지 한참 내려가야 볼 수 있어요. 해저에서 측정하면 마우나케아산 꼭대기까지의 거리는 1만 203미터예요. 즉 이 산의 높이는 8848미터인 에베레스트산보다 더 높은 거예요. 해발 고도는 그보다 낮지만요.

화산이 폭발하면 암석이 녹은 뜨거운 액체인 용암이 지각의 틈새로 쏟아져 나와요. 용암은 바닷속에서 차가운 바닷물을 만나 아주 빠르게 식어 고체가 되지요. 이 용암은 베개처럼 생긴 둥근 덩어리를 만들어요.

베개 용암

열점

길게 줄지은 모양으로 늘어선 여러 섬을 열도라고 불러요. 열도는 열점이라고 하는 특별한 종류의 해저 화산이 만든 거예요. 여덟 개의 큰 섬과 여러 작은 섬이 모인 하와이가 이런 방식으로 만들어졌어요. 지금도 만들어지고 있고요! 화산은 용암으로 가득 찬 땅속 저장소에서 에너지를 공급받아요. 이 용암이 분출해서 해저산이 만들어지고, 그 가운데 높은 산은 해수면 위로 솟아나 섬이 되지요. 그런데 해저는 아주 천천히 움직여요. 그래서 오래된 섬은 열점에서 점점 멀어지고, 화산이 분출하면 새로운 섬이 또 만들어지지요. 열도는 이렇게 수백만 년에 걸쳐 만들어졌어요.

부석 뗏목

기체와 섞인 용암이 식으면 작은 기체 방울이 가득 찬 암석이 돼요. 이것을 '부석'이라고 하는데, 안에 갇힌 기체 때문에 물에 뜬답니다. 이렇게 떠오른 다양한 크기의 부석들이 촘촘히 붙어 마치 뗏목처럼 보여 '부석 뗏목'이라고 불러요.

OCEAN ISLAND

섬

물에 둘러싸인 땅을 섬이라고 불러요. 바다에는 수백만 개의 섬이 있어요. 대부분은 바다 위로 솟아오른 작은 바위 조각이지만, 그 가운데 약 1만 1000개는 사람이 살 수 있을 정도로 크답니다. 섬에는 두 종류가 있어요. 하나는 대륙에서 떨어져 나온 섬으로, '육도'라고 불러요. 섬 주변의 낮은 지역이 바닷물에 잠긴 거지요. 그린란드, 영국, 보르네오섬 같은 큰 섬들이 여기에 해당해요. 또 다른 한 종류는 바다 밑바닥에서부터 솟아올라 만들어진 섬이에요. 대륙과는 관계없이 대양에 위치하기 때문에 '양도'라고 부르지요. 대부분 바다 밑에 생긴 화산이 만든 섬이에요. 이들은 대개 크기가 작고, 대륙에서 먼 곳에 있답니다.

구아노 제도

앨버트로스를 비롯한 많은 바닷새는 나는 것이 특기라서 며칠간 공중에 머물거나 날면서 잘 수 있어요. 하지만 새들에게는 휴식을 취하고 알을 낳고 새끼를 키울 마른 땅이 필요해요. 육지에서 먼 양도는 새들에게 이상적인 곳이에요. 쥐나 고양이 같은 육지 포식자들이 없기 때문이지요. 그래서 해마다 수백만 마리의 새가 육지에서 먼 섬을 방문하는데, 이때 남긴 새똥이 여러 겹 쌓여 굳으면 '구아노'라고 하는 흰색의 물질이 돼요. 구아노에는 귀중한 화학 물질들이 가득한데, 특히 비료와 폭탄을 만들 때 아주 유용해요.

사람이 사는 섬 가운데 육지에서 가장 먼 섬은 대서양 남부에 있는 트리스탄다쿠냐섬이에요. 약 250명이 살고 있는 이 화산섬은 가장 가까운 도시인 남아프리카공화국의 케이프타운에서 2816킬로미터 떨어져 있어요.

육지가 바다나 호수, 연못을 둘러싸고 있는 산호섬을 '환초'라고 불러요. 따뜻한 바다, 특히 태평양과 인도양에서 환초를 많이 볼 수 있어요. 이 섬은 활동을 멈춘 화산의 꼭대기에 있는 오래된 산호로 이루어졌어요. 바다가 화산의 정상 부분을 깎아 내서 해수면 바로 아래 평평한 지면을 만들어 낸 거예요.

여기 용이 있어요!

인도네시아의 코모도섬은 살아 있는 용의 안식처예요. 코모도왕도마뱀은 세계에서 가장 큰 도마뱀으로, 코에서 꼬리까지 길이가 약 3미터가 될 만큼 자라기도 해요. 이들은 끝이 갈라진 긴 혀를 빠르게 움직여 공기의 맛을 보고 멧돼지 같은 먹이를 찾아요. 이 거대한 도마뱀은 침에 천천히 퍼지는 독이 있어서 사냥감을 강하게 문 다음 죽을 때까지 기다린답니다.

볼의 피라미드

오스트레일리아 대륙 동쪽에 있는 이 높고 뾰족한 바위는 오래된 화산에서 만들어진 화산섬이에요. 무른 바깥쪽 바위가 물에 깎여 나가고 단단한 안쪽 돌만 남은 거예요. 볼의 피라미드는 높이 562미터로 세계에서 가장 높은 바위인데, 너비는 300미터밖에 되지 않기 때문에 세계에서 가장 경사가 급한 섬이기도 해요.

CONTINENTAL SHELF

대륙붕

지도에서 육지와 바다의 경계를 가장 뚜렷이 볼 수 있는 곳은 해안선이에요. 이곳이 물이 육지를 덮기 시작하는 곳이니까요. 하지만 육지와 바다를 나누는 다른 경계선도 있어요. '대륙붕'이지요. 지구의 육지는 두께가 50킬로미터 정도인 암석으로 이루어진 지각으로 뒤덮여 있어요. 해안 근처의 해저는 비록 바다에 덮여 있지만, 이 지각의 일부예요. 이곳을 대륙붕이라고 불러요. 깊이가 200미터도 안 되는 얕은 바다지요. 한편 깊은 바다 밑바닥은 두께가 8킬로미터밖에 되지 않는 비교적 얇은 지각으로 이루어져 있어요. 이 얇은 지각과 육지의 두꺼운 지각이 대륙붕의 끝에서 만나는 것이지요. 만약 바다의 물이 전부 없어진다면, 대륙붕의 끝이 지구 표면에서 가장 뚜렷한 경계가 될 거예요.

모든 바다에 있는 대륙붕을 다 합치면 그 면적이 3224만 2540제곱킬로미터예요. 세계에서 가장 큰 나라인 러시아의 약 두 배 크기지요.

해저에서 대륙붕이 차지하는 비율

- 북극해: 52%
- 인도양: 6%
- 대서양: 10%
- 태평양: 5%
- 남극해: 13%

연해

대륙붕은 해변에서 약 300킬로미터까지 뻗어 있고 얕은 바다로 덮여 있어요. 이곳은 깊은 바다에 비해서 생물이 아주 많이 살아요. 범고래, 바다표범, 돌고래, 상어 모두 이곳에서 발견되지요. 또 켈프라고 하는 긴 해초의 숲도 있어요. 북아메리카 서쪽 해안에서 떨어진 곳에 있는 거대한 켈프는 지구에서 가장 빠르게 자라는 식물이에요. 하루에 60센티미터나 자라기도 해요!

대륙대

대륙사면에서는 바닥이 조금씩 평평해지기 시작해요. 이렇게 대륙사면의 끝과 이어지는 경사가 완만한 곳을 대륙대라고 해요. 이곳의 해저는 대륙사면에서 씻겨 내려온 진흙, 모래, 암석으로 덮여 있어요. 이 많은 재료는 한때 대륙붕의 일부였다가 폭풍이나 지진으로 떨어져 나온 거예요.

대륙붕단

대륙붕의 끝을 대륙붕단이라고 해요. 이곳에서는 바다가 훨씬 급한 경사로 깊어지기 시작해요. 대륙붕단이 끝나고 이어지는 완만한 지형을 대륙사면이라고 해요. 깊이가 약 2000미터에 이를 때까지 계속 깊어지지요. 지구에는 약 30만 킬로미터의 대륙사면이 있어요. 대륙사면에는 급경사의 절벽도 있고, 완만한 지역도 있어요.

해저 협곡

대륙붕은 종종 해저 협곡이라고 부르는 계곡으로 갈라져 있어요. 강에 의해 침식되어 만들어진 육지의 계곡처럼 바다 밑바닥이 침식되어 V자 모양이 된 것이지요. 가장 큰 해저 협곡은 베링해의 젬추크 협곡이에요. 이 협곡은 아주 넓고 깊어요. 부피가 5800세제곱킬로미터로 에베레스트산 100개가 들어갈 정도의 크기랍니다!

해달

켈프 숲에 사는 가장 유명한 거주민은 해달이에요. 이들은 깊이 잠수해 조개를 잡아먹고, 수면 위로 올라와서는 누워서 떠 있어요. 두꺼운 털가죽이 몸을 물에 뜨게 하고, 체온을 유지시켜요. 먹이를 먹을 때는 겨드랑이에 끼우고 있던 작은 돌로 조개를 깨뜨려 안에 있는 부드러운 고기를 꺼내요. 잠을 잘 때는 먼 바다로 떠내려가지 않도록 켈프로 자신을 묶고, 때로는 서로 손을 잡고 있기도 한답니다.

ICEBERG

빙산

조심해요! 앞에 빙산이 있어요. 빙산은 빙하의 일부분이 부서져서 먼 바다로 떠내려온 거예요. 해마다 약 4만 개의 빙산이 이런 여행을 해요. 대부분 남극과 그린란드에서 온 것이지요. 빙산은 육지에서 만들어진 얼음이 아주 오랜 시간에 걸쳐 쌓여서 천천히 바다를 향해 내려와 만들어져요. 빙산의 나이는 만 살에 가까워요. 빙산은 '얼음산'이라는 뜻인데, 이 얼음덩어리는 종종 수면 위로 높이 솟아 있어요. 지금까지 인류가 발견해서 기록한 빙산 가운데 가장 높은 것은 168미터나 되었어요. 55층 건물과 맞먹는 높이랍니다.

빙산의 90퍼센트가 물속에 있다는 것은 잘 알려진 사실이에요. 일반적으로 빙산은 수면 아래서 30퍼센트 더 넓기 때문에 절대로 배를 타고 가까이 가면 안 돼요. 빙산이 따뜻한 바다로 흘러가면 아래쪽부터 녹아요. 빙산이 녹아서 모두 사라지는 데는 2년에서 3년이 걸려요.

빙산은 왜 물에 떠 있을까요?

빙산은 바닷물이 얼어서 생긴 것이 아니에요. 빙산을 이루는 물은 염분이 없는 민물이에요. 염분이 있는 물은 민물보다 밀도가 높아요. 바닷물이 같은 양의 민물보다 약간 더 무겁다는 말이지요. 이 차이는 빙산이 바다 위에 뜨는 데 도움을 줘요. 더구나 물은 얼면서 부피가 늘어나요. 얼음이 같은 양의 물보다 가볍다는 의미예요. 자연의 다른 어떤 액체도 이렇지 않은데 신기하지요? 물의 이런 특이한 성질이 없었다면 빙산은 바다 바닥으로 가라앉을 것이고, 바다 밑바닥의 많은 부분이 두꺼운 얼음층으로 덮였을 거예요.

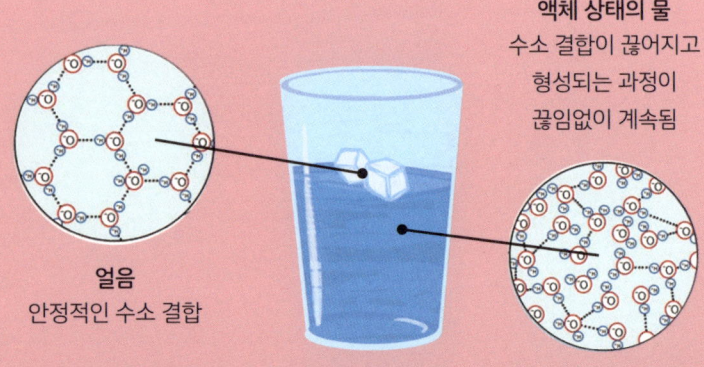

얼음
안정적인 수소 결합

액체 상태의 물
수소 결합이 끊어지고 형성되는 과정이 끊임없이 계속됨

항해할 때 조심해요!

빙산은 콘크리트의 10분의 1만큼 단단해요. 별로 단단하지 않은 것처럼 들리겠지만 빙산의 평균 무게는 15만 톤이에요. 배를 몰고 가다가 충돌하면 큰 피해를 입지요. (세계에서 가장 큰 배의 무게가 약 40만 톤이에요.) 돔 빙산과 쐐기빙산은 언제라도 떨어져 나가 가까이 간 배를 덮칠 만큼 위험한 파도를 만들 수 있어요.

빙산을 찾아서

빙산들은 한때 배에 심각한 위험을 끼쳤어요. 특히 밤에는 빙산에 아주 가까이 가기 전까지는 빙산이 있는지 알아차리기가 어려웠어요. 현대의 배들은 큰 빙산을 탐지할 수 있는 레이더를 갖추었고, 오늘날에는 위성들이 빙산을 찾아서 바다를 살피고 있어요. 19킬로미터보다 큰 남극의 빙산은 연도와 숫자, 그리고 A에서 D까지의 글자로 이루어진 이름을 받아요. A, B, C, D는 빙산이 남대양 어느 쪽에 있는지 알려 주는 기호예요.

빙산편과 빙암

수면 위에서는 빙산의 10분의 1만 보여요. 우리가 보는 바다 위 얼음의 대부분은 작은 덩어리랍니다. 길이가 5미터보다 작은 빙산을 '빙산편'이라고 하고 2미터보다 작은 것을 '빙암'이라고 해요.

탁상빙산
얼음 섬이라고도 불리며, 위쪽이 평평하고 너비가 높이보다 적어도 5배는 더 커요. 가장 큰 빙산이에요.

벽돌빙산
탁상빙산과 비슷하지만 옆면의 높이가 너비와 비슷하기 때문에 평평한 탁상보다는 벽돌처럼 보여요.

쐐기빙산
빙산의 한쪽이 다른 쪽보다 높아서 경사가 있는 빙산이에요.

돔빙산
위쪽이 둥글고 각진 곳이 없는 빙산이에요.

첨봉빙산
위쪽 표면에 하나 이상의 뾰족한 부분이 있어서 피라미드나 작은 산맥처럼 보이는 빙산이에요.

드라이독 빙산
가운데 부분이 녹아서 틈이나 통로가 만들어진 빙산이에요.

CLIMATE CHANGE AND THE OCEANS

기후 변화와 바다

과학자들은 인간의 활동이 지구의 기후를 변화시킨다는 사실을 발견했어요. 이런 기후 변화는 바닷물의 온도를 높이고 해수면을 높아지게 하는 등 바다에도 많은 영향을 주지요. 이는 온실 효과가 심해지고 있어서예요. 온실 효과는 공기 중의 수증기, 이산화탄소 등이 온실의 유리처럼 햇빛은 받아들이고 땅 위의 열은 내보내지 않음으로써 지구의 기온이 높아지는 현상이에요. 대부분 이산화탄소로 이루어진 '온실 기체'가 열을 붙잡는 것이지요. 지난 200년 동안 인간은 석탄 같은 연료를 태우거나 숲의 나무를 베어 내면서 많은 이산화탄소를 배출했고, 이는 온실 기체의 양을 증가시켰어요. 그래서 지구가 예전보다 뜨거워졌지요. 지금 지구는 150년 전보다 공기는 0.8℃ 더 따뜻하고 바다는 0.1℃ 더 따뜻해요. 이것이 작은 변화처럼 보일지 모르지만, 모든 물과 공기의 온도가 그만큼 올랐다는 이야기이니 아주 심각한 문제예요.

기후란 무엇일까?

기후와 날씨는 다른 말이에요. 날씨는 그날의 대기 상태, 즉 하루 동안의 기온, 강수량, 바람의 상태를 말해요. '춥다', '습하다', '안개가 꼈다' 같은 식이지요. 날씨 예보는 이런 날씨가 어떻게 변할지 알아내서 아주 더워질지, 폭풍이 오는지 등을 우리에게 알려 주려고 노력해요. 기후는 어떤 지역의 날씨 변화를 오랫동안 관찰해서 평균을 낸 것을 말해요. 카리브해의 기후는 따뜻하고 맑지만 가끔씩 폭풍이 있고, 발트해의 기후는 거의 언제나 춥고 비가 온다 같은 것이에요. 바다의 기후 변화란 어떤 극단적인 날씨를 겪거나 물의 온도가 변하는 것을 의미해요.

이산화탄소는 물에 쉽게 녹아요. 충분히 녹으면 탄산수를 만들 수 있어요. 바다의 이산화탄소 양은 탄산수보다는 훨씬 적지만 우리가 공기에 이산화탄소를 더할수록 바다의 이산화탄소 양도 늘어나요. 그러면 바닷물이 더 산성을 띠지요. 산은 다른 물질과 쉽게 반응하는 화학 물질이기 때문에 산성 바닷물이 암석을 더 빠르게 씻어 내어 동물들이 단단한 껍질을 만들기 힘들게 해요.

바다가 따뜻해지면 바닷물에 녹는 화학 물질도 달라져요. 보통의 바닷물에는 공기 중에 있는 산소가 녹아 있어요. 우리는 산소로 숨을 쉬고, 바다에 있는 생물들도 물에서 산소를 얻어요. 그런데 물이 따뜻해지면 산소를 많이 갖지 못하기 때문에 동물들이 사용할 산소도 줄어들어요. 기후 변화가 바다 생물들을 살기 어렵게 만드는 거예요.

물은 따뜻해지면 팽창해서 더 많은 부피를 차지해요. 물의 온도가 0.1℃ 오르는 것은 아주 작은 변화를 일으키지만, 이 작은 변화도 바다 전체에는 큰 효과를 가져와요. 해양학자들은 바다가 계속 따뜻해지면 100년 안에 해수면이 최소 30센티미터는 높아질 거라고 생각해요.

온실 효과

온실 효과는 자연스러운 현상이에요. 지구의 평균 온도는 14℃인데 만일 온실 효과가 없다면 −18℃로 떨어져 모든 육지와 바다가 얼어붙어 버릴 거예요. 이 효과는 이름에서 알 수 있듯이 온실처럼 작동해요. 온실은 빛은 유리를 통과해 들어오게 하지만 열은 내보내지 않아 내부가 따뜻하지요. 같은 방식으로, 햇빛은 공기를 통과해서 육지와 바다를 데워요. 이 열은 눈에 보이지 않는 적외선으로 다시 방출되죠. 그런데 적외선은 공기를 통과해 우주로 나가지 못해요. 대신 온실 기체에 잡혀서 지구를 따뜻하게 만들어요.

대기에 있는 CO₂ (이산화탄소)와 다른 기체들이 열을 잡아서 지구를 따뜻하게 해요.

지구에 부딪힌 햇빛의 일부는 반사돼요.

OCEAN WAVES
파도

해수면이 완벽하게 평평한 경우는 거의 없어요. 보통 파도가 넘실거리지요. 파도는 바다 위로 부는 바람에 의해 만들어져요. 공기의 흐름이 물에 닿아 물결을 만드는 거예요. 물결은 더 많은 바람을 받아 큰 파도가 돼요. 파도의 크기는 세 가지 요소에 영향을 받아요. 첫째, 바람이 강할수록 파도가 커져요. 둘째, 바람이 오래 불수록 파도가 더 커져요. 세 번째 요소는 바람이 장애물 없이 이동해 온 거리를 뜻하는 '페치'예요. 페치는 몇 킬로미터에서 2500킬로미터가 넘을 수도 있어요. 바람이 해수면을 때리면 파도는 같은 방향으로 부풀어 올라 결국에는 육지를 때리지요.

해상 상태 등급

'해상 상태'란 바람이나 너울, 해류 등에 의해 해수면이 흔들려 움직이는 상태를 말해요. 파도의 높이에 따라 0~9단계 등급으로 분류하는데, 이 숫자는 뱃사람들이 위험한 바다를 피할 수 있도록 알려 주어요. 한 지역의 파도가 얼마나 높게 치는지를 나타내는 숫자지요. 파도의 높이란 파도의 가장 높은 지점인 '마루'에서 가장 낮은 지점인 '골'까지의 수직선 길이예요.

해상 상태 등급	파도의 높이
0	0미터
1	0~0.1미터
2	0.1~0.5미터
3	0.5~1.25미터
4	1.25~2.5미터
5	2.5~4미터
6	4~6미터
7	6~9미터
8	9~14미터
9	14미터 이상

파도가 부서지는 모양

파도가 부서지는 모양은 해안선의 기울기에 따라 결정돼요.

부드러운 기울기
마루가 파도 앞에서 떨어지며 무너지는 파도

중간 기울기
마루가 낮은 부분 위로 덮쳐 앞부분이 패인 파도

급한 기울기
바닥이 마루 앞에서 해안선을 타고 솟아오르는 파도

파도의 안쪽

파도는 해수면을 가로질러 움직이지만, 물은 파도와 함께 이동하지 않아요. 대신 물은 수많은 작은 원을 그리거나 파도를 따라 원통 모양으로 돌아요. 물은 원을 그리며 파도의 마루를 만들고, 떨어져서 골을 만들지요. 깊은 물에서는 파도가 일정한 간격으로 오르내리고, 마루와 다음 마루 사이의 거리가 똑같이 유지돼요. 이 마루와 마루 사이의 거리를 '파장'이라고 불러요.

파도의 높이 증가 →

파도의 방향 →

파장 파장

하지만 물이 점점 얕아지면 파도가 바다 바닥에 끌리기 시작해서 느려져요. 파도가 느려지면 파장은 줄어들지만 높이는 늘어나요. 파도가 얕은 물로 들어가면 파도는 스스로를 지탱하지 못할 만큼 높아져요. 그리고 해안선에 부딪혀 부서지지요.

바다 거품

파도는 부서지면서 종종 바위와 해초 사이에 연노란색의 솜털 같은 바다 거품을 만들어요. 이 물질을 사람들이 바다에 버린 비누 같은 인공적인 화학 물질이라고 생각하는 사람이 많지요. 그런데 바다 거품은 플랑크톤과 강에서 씻겨 바다로 내려온 썩은 식물들이 남긴 화학 물질로 만들어지는 자연스러운 거품이에요. 이들이 파도가 부서질 때 뒤섞이면 욕조 속의 비누처럼 많은 거품을 만들어요. 바다 거품은 자연스러운 것이기는 하지만 별로 깨끗하지는 않고, 때로는 조류에 의해 만들어진 독을 가지고 있기도 해요.

TSUNAMIS

쓰나미

쓰나미는 바다에서 생기는 엄청나게 큰 파도예요. 높이가 10미터가 넘을 때도 있어요. 육지 안쪽 깊숙이 밀려들어 많은 피해를 일으키곤 하지요. 쓰나미는 주로 해저에서 일어나는 지진에 의해 만들어지는데, 세계 대부분의 화산과 해구가 있는 태평양과 인도양 해안에서 자주 발생해요. '쓰나미'라는 말은 '항구의 파도'라는 뜻의 일본어에서 왔어요. 먼 바다에서는 거대한 파도가 눈에 띄지 않다가, 해안 근처로 오면 갑자기 거대한 물의 벽으로 솟아올라 육지로 들이닥치기 때문에 붙여진 이름이에요. 쓰나미 경보 시스템은 해저 지진과 해수면 높이의 변화를 관찰하고 있어요. 파도가 육지에 도착하기 전에 경보를 받을 수 있지요.

가장 큰 쓰나미 :
1958년 알래스카 리투야만

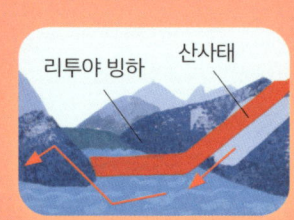

이 엄청난 크기의 쓰나미는 높이가 520미터에 달했어요. 기록된 파도 가운데 가장 큰 파도지요. 이 쓰나미는 산사태로 거대한 바위들이 알래스카 해안의 좁은 만으로 떨어지면서 만들어졌어요.

가장 치명적인 쓰나미 :
2004년 인도양

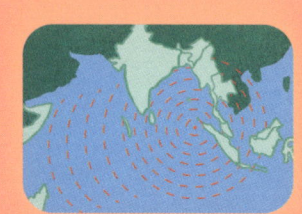

이 쓰나미는 2004년 12월 24일에 14개 나라에 사는 22만 8000명의 목숨을 앗아갔어요. 이 파도는 인도네시아 수마트라섬 근처에서 일어난 거대한 지진이 만든 것이었어요.

크라카타우 화산

역사에 기록된 가장 큰 소리는 1883년 인도네시아 자바섬 서쪽에 있는 크라카타우 화산의 폭발음이에요. 이 굉음은 오스트레일리아에서도 들렸어요. 약 10세제곱킬로미터 크기의 바위가 바다로 떨어져서 바다를 가로질러 치솟아 46미터 높이의 쓰나미를 만들었어요. 심지어 아주 멀리 떨어진 영국 해협까지도 영향을 미쳤어요.

지진은 해저를 위나 아래로 움직여 주변에 있는 물을 밀어내 파도를 만들어서 모든 방향으로 퍼져 나가게 해요. 2004년 인도양에서 일어난 쓰나미는 바다 밑바닥에 만들어진 1600킬로미터의 균열이 몇 초 동안 물을 15미터만큼 밀어 올려 만들어졌어요.

빠른 속도로 밀려들기

쓰나미는 시속 800킬로미터로 움직이지만, 지나가는 배는 거의 알아차리지 못해요. 마루의 높이는 1미터에 불과하지만, 파장은 200킬로미터나 되기 때문이에요. 보통의 파도는 마루에서 마루까지의 거리가 100미터밖에 되지 않아요. 이렇게 긴 파도는 엄청난 양의 물을 가지고 있다가 바다의 깊이가 얕아지는 해안에 오면 바다에서 물이 끌려나와 파도를 채우지요.

파도의 이동 방향

육지 때리기

쓰나미가 육지에 도착하면 물이 엄청난 높이로 솟아올라 육지를 덮쳐요. 깔때기처럼 물이 모이는 언덕 사이 계곡에서 최악의 홍수가 일어나지요. 대체로 20분에서 30분 간격으로 파도의 마루가 하나씩 도착해, 두 개에서 세 개의 파도가 육지를 때려요.

쓰나미 안전 가옥

해마다 약 두 개에서 세 개의 쓰나미가 일어나요. 보통은 그렇게 크지 않아서 해안의 일부에만 충격을 주지요. 쓰나미 피해가 큰 섬에 사는 사람들은 쓰나미의 충격을 줄이는 간단한 방법을 개발했어요. 집을 기둥 위에 지어서 높은 파도가 아래로 흐르게 한 거예요!

HURRICANES

허리케인

허리케인은 따뜻한 바다 위에서 만들어지는 거대한 기상 현상이에요. 너비가 2000킬로미터에 이르기도 하는 거대한 회전하는 구름을 만들어 내지요. 이런 강력한 폭풍을 미국에서는 '허리케인'이라고 부르고, 동아시아에서는 '태풍'이라고 불러요. 인도양과 오스트레일리아 등 적도 가까운 곳에서 만들어지는 것은 '사이클론'이라고 부르지요. 허리케인이 만들어지기 위해서는 폭풍 내부에서 바람의 속도가 적어도 시속 120킬로미터는 되어야 해요. 이보다 속도가 느리면 열대 폭풍으로 여겨지지요. 그런데 허리케인은 훨씬 강력해질 수 있어요. 허리케인에는 등급이 있는데, 최악인 5등급은 시속 250킬로미터가 넘어요. 이런 폭풍이 해안을 때리면 심각한 피해를 일으킬 거예요. 도시에 강한 바람과 비로 홍수를 일으킬 뿐만 아니라, 허리케인이 만든 폭풍 해일이 쓰나미 같은 치명적인 파도를 내륙으로 들이닥치게 해요.

날씨 예보관들은 열대 폭풍이 바다에서 발달하는 것을 관찰하며 이들이 허리케인으로 자라는지 살펴보고 있어요. 허리케인은 대부분 바닷물이 따뜻해지는 여름의 폭풍 시즌에 나타나요. 시즌이 시작되면 첫 번째 폭풍에는 A로 시작되는 이름이 붙여지고, 그다음은 B로 이어져요. 1년 동안 Z까지 가는 경우는 거의 없답니다.

'폭풍의 눈'은 고요하고 건조하지만 주위를 둘러싼 구름에는 강한 바람이 불어요. 차갑고 건조한 공기는 폭풍의 꼭대기에서 아래쪽 바다로 몰아치고, 수면의 습한 공기는 위로 올라가 무거운 비구름대를 만들어요.

강한 바람

바람이 가장 강한 곳은 '눈의 벽'이에요. 폭풍의 중심부를 형성하는 나선 모양의 원형 구름 덩어리지요. 여기서 해수면의 따뜻한 공기가 나선을 그리며 위로 올라가요. 공기는 올라가면서 식어서 폭풍에 열을 전해 주고, 차갑게 식은 공기는 폭풍의 꼭대기에서 강한 바람을 만들어요. 폭풍은 위에서부터 눈으로 뛰어들어 더 많은 따뜻한 공기가 위로 올라가게 해서 폭풍을 키워요.

최초의 허리케인

1492년 아메리카를 발견한 크리스토퍼 콜럼버스는 1년이 지난 뒤에 카리브해로 다시 항해를 떠났어요. 카리브해는 세계 어느 지역보다 허리케인이 많은 곳이고, 콜럼버스는 그 가운데 하나를 경험한 최초의 유럽인이었어요. 그는 가장 가까운 섬으로 가서 폭풍을 피해야 했어요. '허리케인'이라는 말은 유럽인들이 도착하기 전에 카리브해에 살았던 타이노족의 말에서 유래했어요.

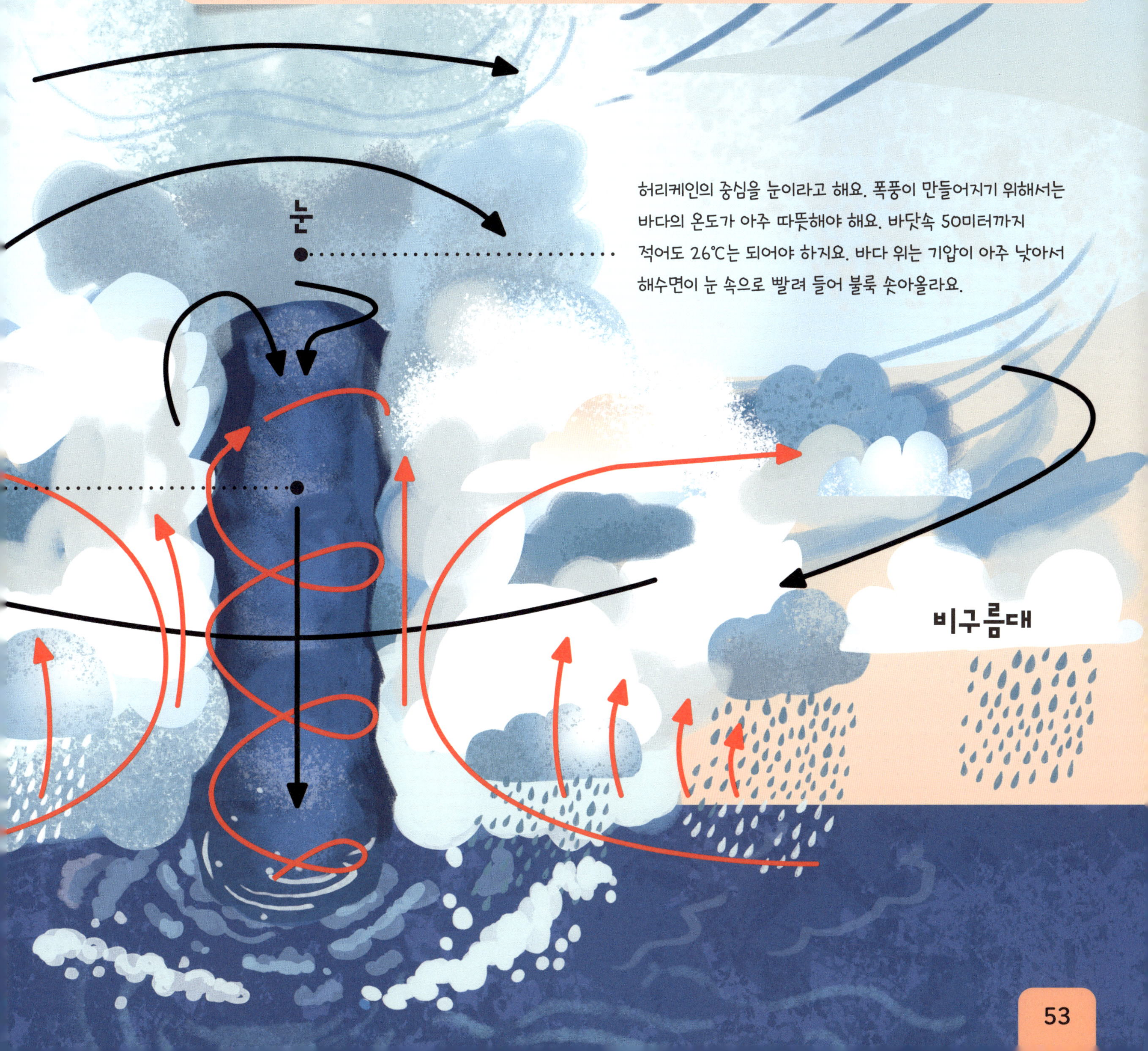

눈

허리케인의 중심을 눈이라고 해요. 폭풍이 만들어지기 위해서는 바다의 온도가 아주 따뜻해야 해요. 바닷속 50미터까지 적어도 26℃는 되어야 하지요. 바다 위는 기압이 아주 낮아서 해수면이 눈 속으로 빨려 들어 불룩 솟아올라요.

비구름대

OCEAN CURRENTS

해류

바다는 멈춰 있지 않아요. 바닷물은 끊임없이 여러 해류에 섞이고 휘둘려요. 이는 1992년 폭풍으로 화물 컨테이너가 바다에 빠져 고무 오리, 거북이, 개구리 같은 2만 8000개의 물놀이 장난감을 북태평양에 쏟아 놓았을 때 명확해졌어요. 이 장난감들은 그 뒤 20년 동안 해류를 따라 이동했어요. 대부분은 알래스카에서 오스트레일리아, 심지어 칠레까지 태평양의 전체 해변으로 밀려왔지요. 일부는 북극해로 가는 길을 찾아 대서양으로 흘러가 15년 후에 아일랜드에 도착했어요! 이 사고는 해양학자들이 해류가 어떻게 작동하는지 관찰하는 데 도움이 되었어요. 오늘날 우리는 적도를 향해 흐르는 해류는 차가운 물을 운반하고, 북극과 남극으로 향하는 해류는 더 따뜻하다는 것을 알고 있어요. 이 온도 차이는 바람, 밀물과 썰물의 움직임과 함께 해류를 만드는 원인 가운데 하나예요.

병 속의 편지

돛이 달린 배를 타던 시절에는 빠르게 항해하기 위해 해류를 이용했어요. 1850년대 미국 해군은 해류를 더 연구하는 데 동의하는 선장들에게 해류 지도를 제공해 주었어요. 선원들은 항해 중에 바다에 '떠다니는 병들'을 던졌어요. 모든 병에는 병을 발견하는 사람은 미 해군에게 언제, 어디서 발견했는지 편지를 보내 달라고 부탁하는 편지가 들어 있었지요. 이 편지는 해양학자들에게 해류가 병들을 어떻게 움직이게 했는지 알려 주었고 현재의 해류 지도를 만드는 데 도움을 주었어요.

이 해류는 멕시코만에서 북대서양으로 흘러 유럽 해안의 물을 따뜻하게 해요. 이런 열 전달은 북유럽의 날씨를 특히 겨울에 더 따뜻하게 해 주지요. 반대로 차가운 해류가 북극에서 흘러오는 대서양의 반대쪽은 겨울이 훨씬 더 추워요.

대서양

멕시코 만류

남아메리카 해안을 따라 흐르는 이 차가운 해류는 남극해에서 플랑크톤으로 가득한 물을 가져다주어요. 거대한 물고기 떼가 이 먹이를 먹기 위해 여기로 모이지요. 페루 해류를 포함한 태평양 중앙의 해류는 몇 년에 한 번씩 방향을 바꾸어요. 이로 인해 페루 서부 바다의 수온이 높아지는 현상이 일어나는데, 이를 '엘니뇨'라고 불러요. 엘니뇨는 아메리카에 비 폭풍을 일으키고, 오스트레일리아와 아시아에는 가뭄을 일으켜요.

페루 해류

아타카마 사막

바다의 컨베이어 벨트

해류를 미는 주요한 힘은 모든 바다를 거쳐 흐르는 아주 큰 물의 고리예요. 바다의 컨베이어 벨트라고도 하지요. 주요 해류들은 거의 사람이 걷는 속도로 움직이지만, 이 컨베이어 벨트의 해류는 달팽이보다도 느려요. 물이 한 바퀴를 도는 데 1만 년이 걸릴 정도랍니다!

북극해

차가운 해류 위의 공기는 아주 건조해서 비가 거의 내리지 않아요. 이 지도에서 볼 수 있듯이 사하라, 나미브, 아타카마 같은 세계적인 사막들은 모두 해안에 차가운 해류가 지나가요. 그곳의 육지는 늘 아주 건조하다는 말이지요.

사하라 사막

태평양

사막 해류

나미브 사막

인도양

차가운 해류(한류)
따뜻한 해류(난류)

남극해

극순환류 남극해의 물은 고리 모양의 해류를 만들며 남극을 돌아요. 이 해류는 다른 어떤 해류보다 더 많은 물을 운반해요. 극순환류는 전 세계의 모든 강에서 바다로 흘러가는 물보다 100배나 많은 물을 움직여요.

55

OCEAN FOOD CHAINS
바다의 먹이 사슬

바다는 텅 비어 있는 것처럼 보이지만 그 아래 수많은 생명체가 살고 있어요. 생명체는 어디에 살든 살아가기 위한 영양분이 필요한데, 어떻게 30만 종에 달하는 바다 생명체들이 온통 물밖에 보이지 않는 곳에서 살 수 있을까요? 이 질문에 답하기 위해서는 바다의 먹이 사슬을 살펴봐야 해요. 즉 누가 누구를 먹는지 추적해 보는 거예요. 육지에서는 이 관계를 쉽게 볼 수 있어요. 식물은 햇빛에서 에너지를 얻어 자신의 몸을 키워요. 그러면 사슴이나 토끼 같은 초식 동물들이 식물을 먹지요. 호랑이 같은 포식자들은 다른 동물을 먹고 살아요. 이와 똑같은 시스템이 바다에서도 작동해요.

한 지역에 있는 모든 생명체의 무게를 합한 값을 '생물량'이라고 해요. 육지, 특히 열대 우림이나 산림 지대는 일반적으로 식물의 생물량이 동물의 생물량보다 10배가량 많아요. 그리고 먹이 사슬의 꼭대기에 있는 동물들은 아래 있는 동물들보다 생물량이 훨씬 적지요. 우리는 이런 현상을 사자가 꼭대기를 차지하고 나무와 풀이 바닥에 있는 피라미드로 생각할 수 있어요. 그런데 바다에서는 이 모양이 반대예요. 고래나 상어와 같이 먹이 사슬의 꼭대기에 있는 동물들이 자신들이 먹는 물고기보다 생물량이 더 많고, 플랑크톤은 뒤집어진 피라미드의 뾰족한 부분을 차지하지요.

육지 생태계의 똑바로 선 피라미드 생물량

해양 생태계의 거꾸로 선 피라미드 생물량

바다의 바이러스

바다는 깜짝 놀랄 정도로 많은 바이러스로 가득 차 있어요. 바이러스는 길이가 100만분의 1미터보다 작아요. 따뜻한 곳에서는 바닷물 1리터마다 약 1000억 개의 바이러스가 있어요. 지구에 있는 사람 수보다 약 15배나 많은 수지요! 바다의 바이러스는 사람에게 감기나 독감을 가져다주는 바이러스와 비슷해요. 하지만 바다의 바이러스는 우리에게 아무런 해를 입히지 않아요. 대신 이들은 세균과 물속의 다른 미생물, 특히 식물성 플랑크톤을 공격해요. 매일 적어도 모든 플랑크톤의 3분의 1 정도가 바이러스에 감염되어 죽는 것으로 추정돼요.

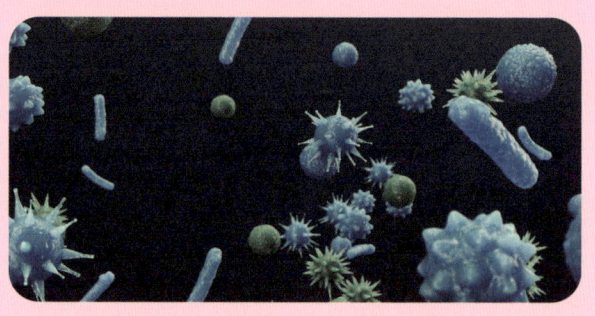

생산자
바다 먹이 사슬의 맨 아래에는 식물성 플랑크톤이 있어요. 이 작은 점처럼 생긴 생명체는 현미경으로만 볼 수 있지요. 이들은 동물처럼 음식을 먹지 않고, 햇빛에서 필요한 에너지를 얻어요. 육지의 나무나 식물처럼요. 그래서 식물성 플랑크톤은 생산자예요. 바다에 있는 모든 동물이 의존하는 먹이를 만들어 낸다는 의미지요.

1차 소비자
먹이 사슬의 다음 고리는 식물성 플랑크톤을 먹는 동물성 플랑크톤이에요. 이들이 1차 소비자예요. 먹이 사슬의 다른 구성원도 모두 소비자지만요.

2차 소비자
대체로 물에서 플랑크톤을 걸러서 먹는 동물들이에요. 2차 소비자로는 조개류, 돌묵상어, 개복치 등이 있어요. 이들은 단단한 뼈를 가진 물고기 가운데 가장 큰 친구들이에요. 상어가 더 크지만, 상어는 잘 휘어지는 연골 뼈대를 가지고 있어요.

포식자
3차 소비자는 포식자예요. 이들은 활발하게 사냥하고, 목표를 정하고, 잡아먹어요.

최상위 포식자
최상위 포식자는 잡아먹는 다른 포식자가 없어요. 더 크고 강력한 상대를 만날 가능성이 별로 없다는 말이지요. 최상위 포식자로는 백상아리와 같은 큰 상어, 북극곰, 범고래 등이 있어요. (이들이 서로 싸운다면 범고래가 언제나 이길 거라고 예상돼요!)

CORAL REEFS

산호초

산호초는 바닷속 열대 우림과 같아요. 색이 좀 더 화려하다는 점만 제외하면요. 산호초는 해저의 0.1퍼센트밖에 덮고 있지 않지만, 생물의 4분의 1이 사는 안식처예요. 대부분의 산호초는 1만 살이 되지 않았는데, 자연 세계에서는 젊은 편이에요. 이들은 23℃에서 29℃ 사이의 물에서 살고, 수면에서 150미터보다 깊은 곳에서는 발견되지 않아요. 더 깊은 곳은 산호에게는 너무 어둡기 때문이에요. 산호는 수중 식물처럼 보이지만 사실은 해파리의 친척이에요. 각각의 산호는 폴립이라고 하는 수백만 개나 되는 개별 생물의 집단이에요. 폴립은 백악질의 골격이 둘러싸고 있고, 죽으면 새로운 폴립이 꼭대기에서 자라나 해저에 바위와 같은 언덕을 만들어 동물들의 안식처가 되지요.

산호초에 온 것을 환영해요!

그레이트배리어리프

세계에서 가장 큰 산호초 군락은 오스트레일리아 동쪽 해안을 따라 내려가면 있는 그레이트배리어리프예요. 이 거대한 산호초 군락은 약 2900개의 작은 산호초와 900개의 산호섬으로 이루어져 있고, 길이는 2300킬로미터가 넘어요. 전체 산호초를 합친 면적이 34만 4400제곱킬로미터예요.

산호초는 동물이지만 식물처럼 햇빛을 받아야 해서 깊은 물에서는 살 수 없어요. 산호초 안에 함께 사는 작은 식물류의 조력자들 때문이에요. 조력자들은 '황록공생조류'라는 이름을 가지고 있어요. 이들은 햇빛으로 설탕을 만들어 함께 사는 산호와 공유해요. 그 보상으로 산호는 조류에게 다른 영양분과 안전하게 살 수 있는 장소를 제공해 주지요.

산호 폴립

폴립 하나는 몇 밀리미터밖에 되지 않고, 자세히 보면 거꾸로 뒤집힌 해파리처럼 보여요. 이들은 어릴 때는 해파리처럼 촉수를 아래로 늘어뜨리고 물속을 떠다니다가 암초에 정착하면 몸을 뒤집어서 촉수로 물속에 있는 플랑크톤을 걸러 깔때기처럼 입으로 보내요. 이 입은 산호초의 항문이기도 해요. 산호는 같은 곳으로 먹고 똥도 싼답니다! 폴립은 단단한 암초 안으로 자라 스스로를 고정해요.

석산호
이 산호는 가지 모양으로 자라요. 사슴뿔이나 앙상한 나뭇가지처럼 생긴 돌과 같이 단단한 구조물을 만들지요.

산호 백화 현상

전 세계에 있는 산호에 백화 현상이 나타나고 있어요. 백화는 흰색으로 변한다는 뜻이에요. 이유는 다양하지만 기후 변화와 관련이 있어요. 바닷물은 따뜻해질수록 더 산성이 되는데, 이 변화가 산호를 자극해요. 그에 대한 반응으로 산호는 함께 살던 황록공생조류를 쫓아내고 아름다운 색을 잃어버려요. 작은 조력자 없이 살아남으려고 발버둥 치다가 죽어 가는 거예요.

거거

산호초의 거주민인 거거는 세계에서 가장 큰 조개예요. 조개껍질의 너비가 1미터가 넘고, 무게는 200킬로그램이 넘기도 해요. 이 조개는 껍질을 열고 바닷물을 빨아들인 다음 떠다니는 먹이를 걸러 내요. 주위에 있는 산호처럼 이들도 안에 살고 있는 황록공생조류의 도움을 받아요.

바다 독사

산호초 주변을 헤엄치는 검은색과 흰색 줄무늬를 가진 뱀장어를 보면 조심하세요! 치명적인 독을 가지고 물고기를 사냥하는 바다 독사는 인도양과 태평양의 산호초에 살아요. 수면 위로 올라와 공기로 숨을 쉬고, 알을 낳기 위해 물 밖으로 나와서 육지를 향해 기어 와요.

탁자산호
위로 자라는 대신 옆으로 퍼져 자라서 탁자처럼 평평한 판을 만드는 산호예요.

뇌산호
홈으로 덮인 암석 덩어리로 자라 마치 뇌처럼 보이는 크기가 큰 산호예요.

기둥산호
2.5미터까지 자랄 수 있고, 자라면서 가지를 만들어 물속에 있는 선인장처럼 보이기도 하는 산호예요.

PROTECTING OUR OCEANS

우리의 바다를 보호해요

바다는 공격을 받고 있어요. 인간으로부터요. 인간은 수 세기 동안 바다에 쓰레기를 버려 왔고, 계속 그래도 된다고 생각해 왔어요. 실제로 지난 50년 동안 우리는 그 전보다 훨씬 많은 플라스틱을 사용했어요. 플라스틱은 결코 완전히 없어지지 않아요. 전 세계에서 매일 플라스틱 조각 800만 개를 바다에 버리고 있고, 현재 약 5조 개의 플라스틱 조각이 바다를 떠다녀요. 이 조각들은 천천히 부서져서 물속으로 가라앉아요. 바다 생물들은 플랑크톤과 플라스틱을 구별하지 못하기 때문에 이 작은 플라스틱을 먹어요. 플라스틱이 먹이 사슬 안으로 들어가는 거지요. 이를 해결하기 위해서는 우리가 사용하는 플라스틱을 줄이고, 절대 바다에 버리지 말아야 해요. 그런데 플라스틱 오염은 바다에 대한 여러 위협 중 하나일 뿐이에요. 다른 어떤 위협이 있는지 같이 살펴보아요.

숫자로 보는 바다의 위험

 **88퍼센트**: 오염으로 위협받는 산호초의 비율

 **절반**: 1970년과 비교한 물고기의 수

 **100,000**: 매년 플라스틱 오염으로 죽는 해양 포유류의 수

 500: 육지에서 온 화학 물질의 오염이 모든 생명을 죽이는 죽음의 지역 수. 면적은 영국 크기.

기름 유출

여러분이 이 글을 읽는 중에도 4000개가 넘는 기름 탱크가 바다를 가로지르고 있어요. 탱크 하나마다 올림픽 수영장 100개를 채울 만큼의 원유가 들어 있지요. 가끔씩 기름이 바다로 흘러 나가는 사고가 일어나요. 원유는 연료와 화학 제품을 만드는 데 유용하지만 수면에 떠 있으면 바다 생물들에게 치명적인 해를 입혀요. 유출된 기름이 사라지는 데는 몇 달이 걸리고, 해변에 눌어붙으면 훨씬 오래 남아 있어요.

물고기 남획

물고기는 인간에게 중요한 식량이기 때문에 매일 400만 대가 넘는 어선이 바다로 나가 물고기를 잡아요. 그런데 물고기를 잡는 기술이 너무 발전해서 물고기가 번식하는 것보다 더 빠르게 바다에서 물고기를 없애고 있어요. 음파 탐지기로 물고기를 찾거나, 커다란 그물을 사용할 수 있거든요. 이 문제를 해결하기 위해 어선들이 매일 정해진 양의 물고기만 잡을 수 있게 하고 있어요. 또 긴 그물은 종종 거북, 바다표범, 상어와 같이 포획하면 안 되는 바다 생물들을 잡기 때문에, 어부들이 물고기 잡는 방법을 낚시로 바꾸고 있답니다.

용어 사전

곶
바다 쪽으로 뾰족하게 뻗은 육지.

대기
행성이나 위성을 둘러싸고 있는 기체층.

몬순
계절에 따라 주기적으로 일정한 방향으로 부는 바람.
여름에는 바다에서 대륙으로, 겨울에는 대륙에서 바다로 분다.

미생물
현미경 없이는 볼 수 없는 작은 생명체. 세균도 미생물이다.

반구
지구면을 두 쪽으로 나눈 한 부분. 행성은 북반구와 남반구 또는 서반구와 동반구로 나뉜다.

비료
식물이 빠르게 자랄 수 있게 해 주는 영양 물질.

발광기
동물의 몸속에서 빛을 만드는 기관.

산
물에 녹았을 때 수소 이온을 내놓는 물질. 신맛이 나고, 푸른 리트머스 종이를 붉게 변화시키는 특성이 있다.

세균
몸이 하나의 세포로만 이루어진 작은 생물.
다른 생물체에 의지해 생활하며 병을 일으키기도 하고 발효나 부패 작용을 하기도 하는 등 생태계의 물질 순환에 중요한 역할을 한다.

용해
물질이 액체 속에서 고르게 녹아 용액이 만들어지는 일.

유기체
생명체를 달리 이르는 말. 또는 생명체처럼 각 부분이 서로 밀접하게 관련이 있는 조직체를 뜻한다.

원자로
방사성 물질로 전기를 만들어 내기 위해 튼튼하게 건설된 방.

이산화탄소
산소 원자 두 개와 탄소 원자 한 개가 결합한 화학 물질.
탄산음료나 냉동제 등을 만들 때 쓰이며, 산소로 호흡하는
대부분의 동물이 숨을 내쉴 때 나오는 물질이다.
온실 효과를 일으키는 대표적인 물질이다.

적도
지구 위의 위치를 나타내기 위한 좌표 중 가로로 된 위도의
기준이 되는 선. 남극과 북극에서 같은 거리에 있으며,
지구를 북반구와 남반구로 나누는 선이다.

조류
색소체로 광합성을 하며 물속에 사는 생물 종류.
과거에는 식물로 분류되었으나 현대 과학자들은 동물,
식물과 별개의 생물로 본다. 물속에서 뿌리를 내리고 사는
식물을 일컫는 해초와는 다르다. 미역과 김이 조류의 일종이다.

중력
지구가 물체를 지구의 중심 방향으로 끌어당기는 힘.
지구 위의 장소에 따라 크기가 다르며,
적도 부근이 가장 작다.

포식자
다른 동물을 잡아먹기 위해 사냥하는 동물.

플랑크톤
물속에서 물결에 따라 떠다니는 작은 생물을 통틀어
이르는 말. 운동 능력이 전혀 없거나 아주 약해
물에 떠도는 생물을 가리킨다.

향신료
음식에 맵거나 향기로운 맛을 더하는 조미료.
흔히 쓰는 향신료로는 고추, 후추, 파, 마늘, 생강,
겨자, 깨 같은 것들이 있다.

화산
암석(마그마)이 지구 표면을 뚫고 뿜어져 나와 만들어진 지형.
종종 높은 산을 만들며, 지구 외의 태양계 행성과
위성에서도 화산들이 발견된다.

찾아보기

가오리 29
갈라파고스 제도 9
거거 59
관벌레 36
그레이트배리어리프 58
그린란드 13, 40, 44
기름 유출 60
기후 변화 46~47
날짜 변경선 9
날치 23
남극권 14, 15
남극해 14~15, 42, 55
남중국해 17
냉수 분출공 37
다이빙 벨 19
대륙 이동설 35
대륙붕 42~43
대서양 6~7, 10, 34~35, 42, 54
대서양 중앙 해령 34~35
돛새치 22
로스 빙붕 15
마리아나 해구 8, 30, 32
먹이 사슬 56~57
먹장어 28
몬순 11
물고기 남획 61
바다 거품 49
바다 눈 28
바다의 컨베이어 벨트 55

바이러스 56
발트해 17, 46
뱅골만 17
보퍼트해 16
볼록눈 물고기 25
북극 12
북극곰 13, 57
북극해 12~13, 16, 42
빙산 44~45
사르가소해 7
산호 41, 58~59
산호해 17
상어 23~25, 42, 57, 61
생물 발광 24, 27
섬 7, 11, 13~14, 38~41
세균 37
소금 5, 16, 44
수압 19, 26, 30, 36
수에즈 운하 10
스쿠버 18
실러캔스 11
심야태양 14
심해 탐구선 18
심해저평원 30
쓰나미 50~51
아굴라스곶 10
아귀 27
아마존강 7
아이슬란드 7

암피포드 29
약광층 24~25
열수 분출공 36~37
오징어 27
온실 효과 46~47
유광층 22~23
음향측심법 33
인도양 10~11, 42, 50, 52
잠수정 30~31, 36
잠수함 18~19, 31
조수, 조간대 20~21
지중해 17
진흙 30
챌린저 해연 8, 32
카리브해 16, 46, 53
카스피해 16, 17
켈프 42, 43
코모도왕도마뱀 41
크리스토퍼 콜럼버스 6, 53
큰입장어 26
키다리 게 28
타이타닉호 29
태평양 8~9, 35, 42, 50
파도 48~51
패덤 33
펭귄 15

플랑크톤 22~23, 49, 56~57
하데스 지역 30
한밤 지역 26~27
해구 30~31
해달 43
해령 34~35
해류 6, 54~55
해삼 31
해수면 38, 39, 41
해수면 상승 47
해양학자 5
해저 28~39, 42
해저 지도 만들기 32~33
해저 협곡 43
해초 7, 21, 42
해파리 22, 24, 58
향신료의 섬 11
향유고래 27
허리케인 52~53
홍해 17
화산 7~8, 38~41, 50
환초 41
흑해 17